全国高等院校艺术设计应用与创新规划教材

总主编　李中扬　杜湖湘

U0949777

文字设计基础

主编 李中扬

参编 刘桦政 陈守明 赵　茜

黄　梅 喻文华 行佳丽

WUHAN UNIVERSITY PRESS

武汉大学出版社

图书在版编目（CIP）数据

文字设计基础/李中扬主编.—武汉：武汉大学出版社，2009.11
全国高等院校艺术设计应用与创新规划教材/李中扬　杜湖湘总主编
ISBN 978-7-307-06576-5

Ⅰ. 文…　Ⅱ.李…　Ⅲ.美术字—字体—设计—高等学校：技术学校—教材
Ⅳ.J292.13

中国版本图书馆CIP数据核字(2008)第158030号

责任编辑：陶洪蕴　王雅红

出版发行：武汉大学出版社　（430072　武昌　珞珈山）
（电子邮件：cbs22@whu.edu.cn　网址：www.wdp.com.cn）
印刷：湖北恒泰印务有限公司
开本：787×1092　1/16　印张：10.25　字数：312千字
版次：2009年11月第1版　2009年11月第1次印刷
ISBN 978-7-307-06576-5/J·116　定价：36.00元

版权所有，不得翻印；凡购买我社的图书，如有缺页、倒页、脱页等质量问题，请与当地图书销售部门联系调换。

全国高等院校艺术设计应用与创新规划教材编委会

主　　任： 尹定邦　中国工业设计协会副理事长

广州美术学院教授、博士生导师

执行主任： 李中扬　首都师范大学美术学院教授、设计学科带头人

副 主 任： 杜湖湘　张小纲　汪尚麟　陈　希　戴　荭

成　　员： （按姓氏笔画排列）

王广福　王　欣　王　鑫　邓玉璋　仇宏洲　石增泉

刘显波　刘　涛　刘晓英　刘新祥　江寿国　华　勇

李龙生　李　松　李建文　汤晓颖　张　昕　张　杰

张朝晖　张　勇　张鸿博　吴　巍　陈　纲　杨雪松

周承君　周　峰　罗瑞兰　段岩涛　夏　兵　夏　晋

黄友柱　黄劲松　章　翔　彭　立　谢崇桥　谭　昕

学术委员会：（按姓氏笔画排列）

马　泉　孔　森　王　铁　王　敏　王雪青　许　平

刘　波　吕敬人　何人可　何　洁　吴　勇　肖　勇

张小平　范汉成　赵　健　郭振山　徐　岚　贾荣林

袁熙旸　黄建平　曾　辉　廖　军　谭　平　潘鲁生

总　序

尹定邦　中国现代设计教育的奠基人之一，在数十年的设计教学和设计实践中，开辟和引领了中国现代设计的新思维。现任中国工业设计协会副理事长，广州美术学院教授、博士生导师；曾任广州美术学院设计分院院长、广州美术学院副院长等职。

我国经济建设持续高速地发展和国家自主创新战略的实施，迫切需要数以千万计的经过高等教育培养的艺术设计的应用型和创新型人才，主要承担此项重任的高等院校，包括普通高等院校、高等职业技术院校、高等专科学校的艺术设计专业近年得到超常规发展，成为各高等院校争相开办的专业，但由于办学理念的模糊、教学资源的不足、教学方法的差异导致教学质量良莠不齐。整合优势资源，建设优质教材，优化教学环境，提高教学质量，保障教学目标的实现，是摆在高等院校艺术设计专业工作者面前的紧迫任务。

教材是教学内容和教学方法的载体，是开展教学活动的主要依据，也是保障和提高教学质量的基础。建设高质量的高等教育教材，为高等院校提供人性化、立体化和全方位的教育服务，是应对高等教育对象迅猛扩展、经济社会人才需求多元化的重要手段。在新的形式下，高等教育艺术设计专业的教材建设急需扭转沿用已久的重理论轻实践、重知识轻能力、重课堂轻市场的现象，把培养高级应用型、创新型人才作为重要任务，实现以知识为导向到以知识和技能相结合为导向的转变，培养学生的创新能力、动手能力、协调能力和创业能力，把“我知道什么”、“我会做什么”、“我该怎么做”作为价值取向，充分考虑使用对象的实际需求和现实状况，开发与教材适应配套的辅助教材，将纸质教材与音像制品、电子网络出版物等多媒体相结合，营造师生自主、互动、愉悦的教学环境。

当前，我国高等教育已经进入一个新的发展阶段，艺术设计教育工作者为适应经济社会发展，探索新形势下人才培养模式和教学模式进行了很多有益的探索，取得了一批突出的成果。由武汉大学出版社策划组织编写的全国高等院校艺术设计应用与创新规划教材，是在充分吸收国内优秀专业基础教材成果的基础上，从设计基础入手进行的新探索，这套教材在以下几个方面值得称道：

其一，该套教材的编写是由众多高等院校的学者、专家和在教学第一线的骨干教师共同完成的。在教材编撰中，设计界诸多严谨的学者对学科体系结构进行整体把握和构建，骨干教师、行业内设计师依据丰富的教学和实践经验为教材内容的创新提供了保障与支持。在广泛分析目前国内艺术设计专业优秀教材的基础上，大家努力使本套教材深入浅出，更具有针对性、实用性。

其二，本套教材突出学生学习的主体性地位。围绕学生的学习现状、心理特点和专业需求，该套教材突出了设计基础的共性，增加了实验教学、案例教学的比例，强调学生的动手能力和师生的互动教学，特别是将设计应用程序和方法融入教材编写中，以个性化方式引导教学，培养学生对所学专业的感性认识和学习兴趣，有利于提高学生的专业应用技能和职业适应能力，发挥学生的创造潜能，让学生看得懂、学得会、用得上。

其三，总主编邀请国内同行专家，包括全国高等教育艺术设计教学指导委员会的专家组织审稿并提出修改意见，进一步完善了教材体系结构，确保了这套教材的高质量、高水平。

因此，本套教材更有利于院系领导和主讲教师们创造性地组织和管理教学，让创造性的教学带动创造性的学习，培养创造型的人才，为持续高速的经济社会发展和国家自主创新战略的实施作出贡献。

目 录

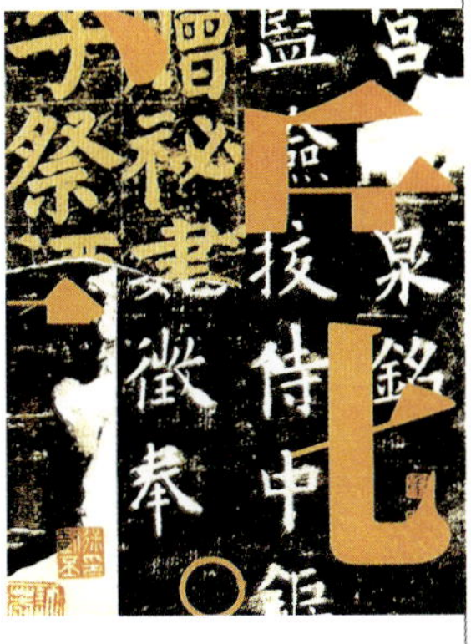

For 500 years
Christopher Columbus
has enjoyed America!

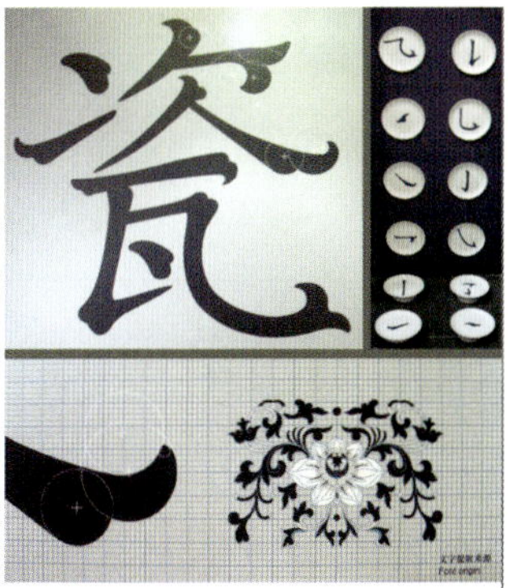

Grand Théâtre de Genève
Don Giovanni
Wolfgang Amadeus Mozart

25MEI 2001
SNEAKERS PRESENTS
MASTERS AT WORK TRIBUTE
DJS AARDVÄRCK
BLAZÉ AND B-FONQUE
VJS UNITEDSTATEMENTS
DECORATIONS FOURPACK
W2 DEN BOSCH
BOSCHDIJKSTRAAT 100
SITE WWW.W2.NL
22.00UUR TOT 02.00UUR
ENTREE 10.00 NLG
www.fourpack.nl
AVAILABLE

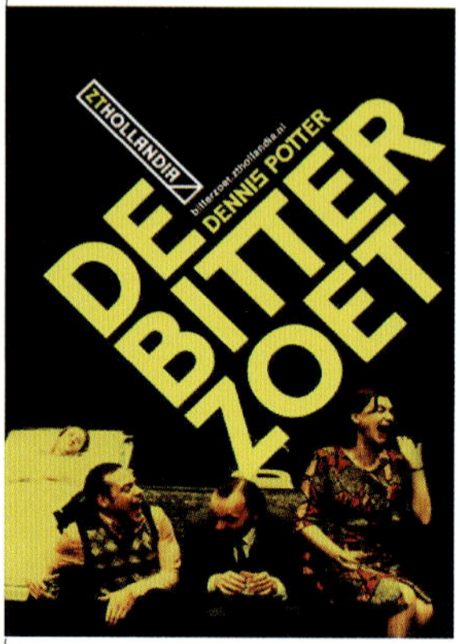
ZTHOLLANDIA
DENNIS POTTER
DE BITTER ZOET

第1章 概述

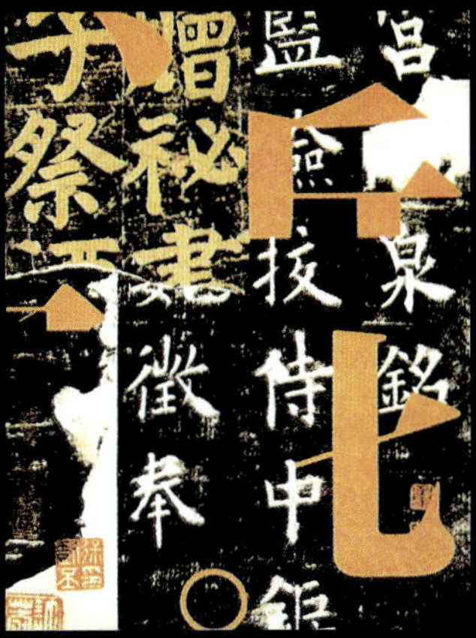

第1章 概述

第一节 文字设计的内容

在平面设计领域中，文字不单单是传达信息的载体，而是作为一种有效的设计元素，发挥着信息传达的视觉化作用。文字设计通过对字体的笔画、结构、字距、行间以及编排等艺术规律的研究，探讨文字造型的理论与创意表现手法，将视觉要素的构成形式作为主要的表现手段，创造出具有强烈视觉感染力的形式语言与多变的效果，形成具有鲜明个性的视觉识别形象，是一种富有感染力的设计。文字设计的目的最终是为了提高字体的明晰度与可读性，加强观赏性与思想性，提高字体的整体视觉效果，增强感染力与视觉冲击，从而获得较高的平面视觉传达效应。

文字设计是人类生产与实践的产物，随着人类文明的演进而逐渐成熟。当远古的人们将抽象的几何符号与象形图符逐渐发展成文字形式后，人类的文明就有了质的飞跃。如今世界各国的历史尽管有长有短，文字的形式也不尽相同，但世界文字在历经久远的历史长河之后，逐步形成了代表当今世界文字体系的两大板块结构：代表华夏文化的汉字体系和象征西方文明的拉丁字母文字体系。汉字仍然保留了象形文字图画的感觉，字形外观规整为方形，而在笔画的变化上呈现出无穷含义。每个独立的汉字都有各自的含义，在这一点上和拉丁字母文字截然不同，因而在汉字的文字设计上更重于形意结合。拉丁字母文字是由26个简单字母组成的完整的语言体系，拉丁字母本身没有含义，必须以字母组合构成词来表述词义。其字母外形各异，富于变化，在字体整体设计上有很好的优势。前者主要应用在中国、日本、东南亚等国，后者则应用于欧美各国，两者各具自身的特色。今天，现代国际网络的资讯发展以及视觉化艺术的视角，为文字设计提供了广泛的选择性，并使现代文字设计的表现手法逐步趋向极大的丰富性和开放性。在信息化、数字化等崭新手段的操作下，文字设计不断迸发出新的概念与全新的视觉反应（图1-1a至图1-1d、图1-2a至图1-2c）。

图1-1a

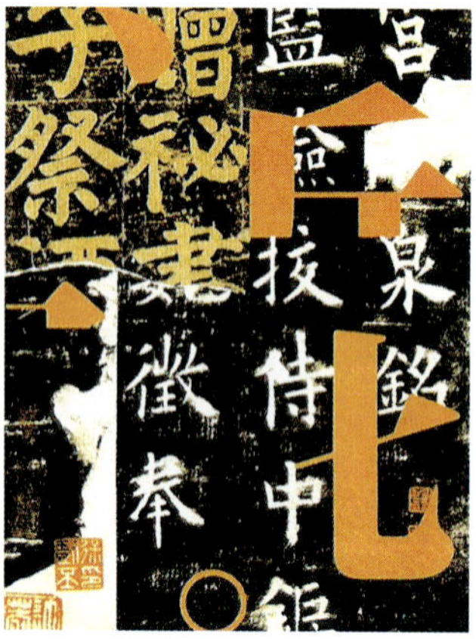
图1-1b

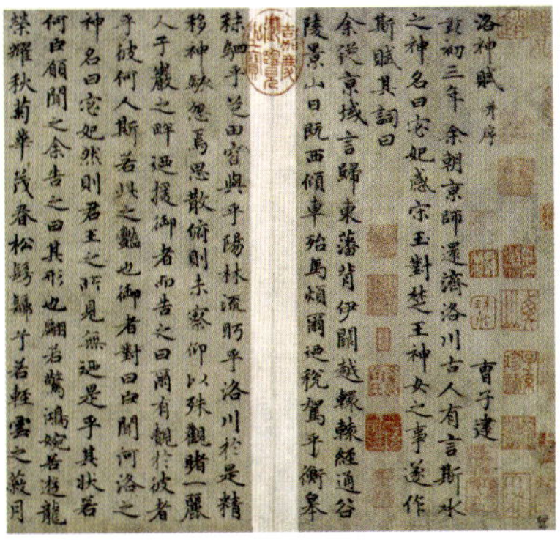

图1－1c

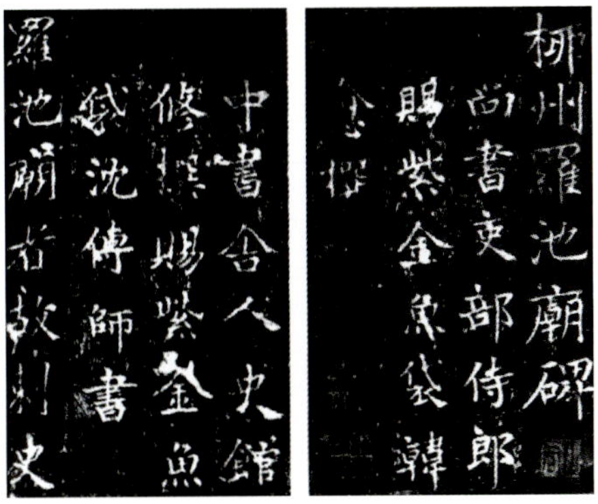

图1－1d

图1－2a

图1－2b

图1－2c

第二节　文字设计的分类与作用

文字设计的分类是基于结构特点之上的，按照字体设计的范畴和各自的功能定位来划分，一般大体上划分为：标准字体的设计；书法表现的字体设计；装饰表现的字体设计；部分变形表现的字体设计；光学表现等其他特殊的字体设计等。

◎ 一、标准字体的设计

标准字体是企业形象拓展中最重要的因素，种类繁多，应用广泛。文字本身具有明确的说明性，所以，可以直接将企业、品牌的名称传达出来，通过设计加强视觉形象，以达到宣传的功效，强化企业形象及品牌的竞争力。标准字体的设计，一方面要依据品牌的宣传主题与内容而精心制作，另一方面要适合于标志图形的形态，根据企业或品牌的个性而设计。对所策划的标准字体的形态、粗细，字间的连接与配置，统一的造型等做细致严谨的规划，以强化企业形象与品牌的诉求力。尤其是要将公司经营内容或产品特征，采取象征性的造型加以具体表现，明确地说明字体所代表的意义与内容，并需把握易读性（图1－3）。

图1－3

◎ 二、书法表现的字体设计

书法表现的字体设计，承用了传统书法艺术的基本方法，注重艺术感的表现。如将汉字的线条、形体美表现出来，反映汉字的美感，扩充汉字的概念形象。或重新回到象形文字，或进入抽象绘画，融会构成艺术图形的处理形式，利用图形、线、点的结合来造型，成为极富现代风貌与魅力的表现样式。在具体设计中，对书法艺术的书体特征认识是进行设计的重要依据。设计者对书法艺术形式风格的熟悉掌握，是运用其进行设计的基本条件。造型(繁化、简化、夸张、变形)、笔墨(笔触、墨韵)、肌理、色彩、构成、材料及装饰处理等，是其变化与创作的重要元素。由于书法的自发性与偶然性的特点，使每一件作品都具有相当的感染力与独特的个性，在现代设计中有着其他文字难以比拟之处，其实用性较强，能够体现民族特色和本土性（图1-4a至图1-4c）。

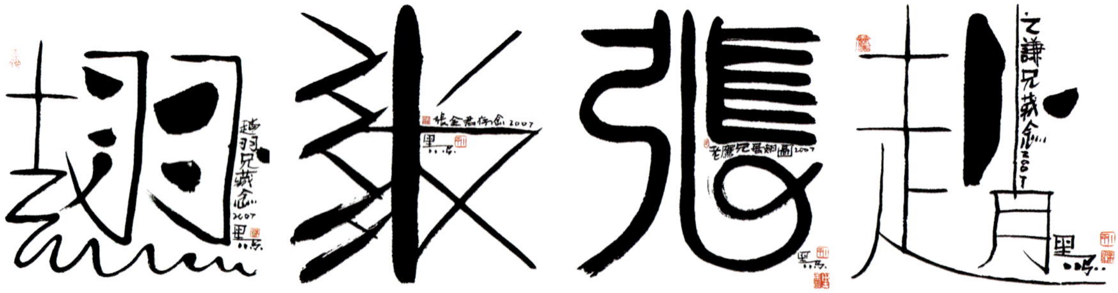

图1-4a

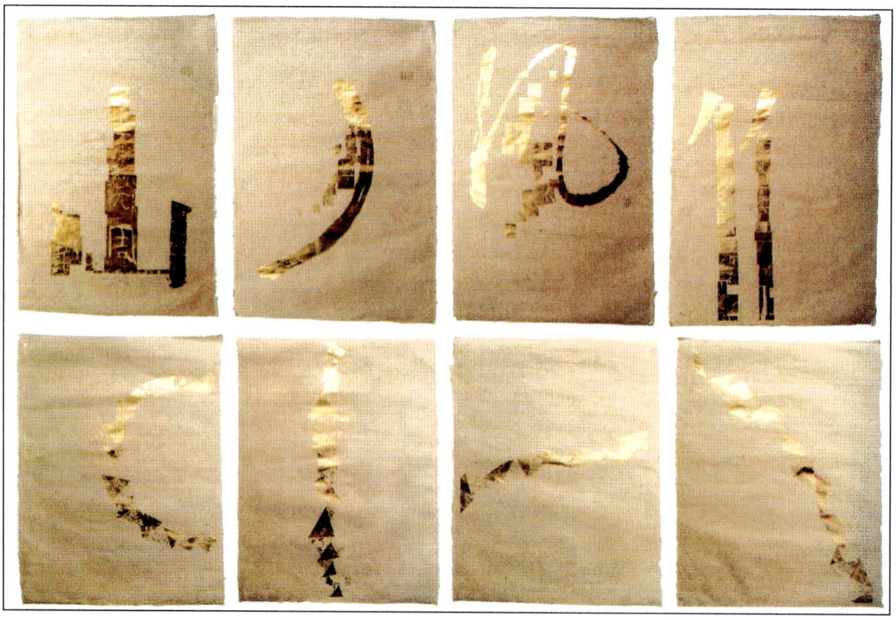

图1-4b

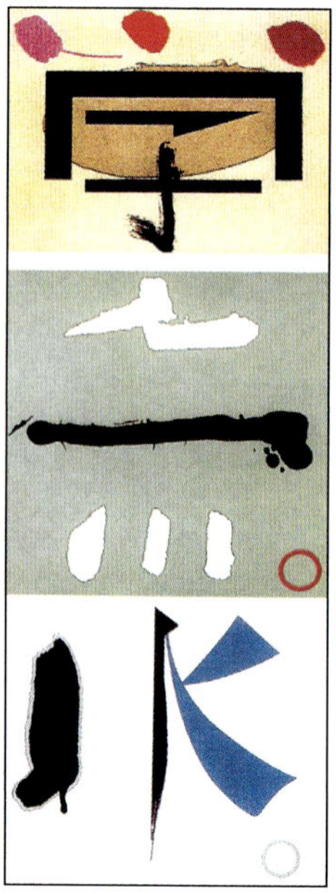

图1-4c

◎ 三、装饰表现的字体设计

装饰表现的字体设计在视觉识别系统中，具有美观大方、便于阅读和识别、应用范围广等优点。它是在基本字形的基础上进行装饰、变化、加工而成的，能起到加强文字的精神含义和富于感染力的作用。如花饰字体和图饰字体。花饰字体笔画的延展以发丝般的委婉线条为装饰，具有优雅、美丽、流畅的变化，字体的美感与大小写字母的倾斜角度有关，而倾斜角度需根据不同的内容与字体笔画的粗细等因素而定，其多用于古典名著的封面设计和戏剧广告、酒店标牌、服装品牌、女性化妆品的设计中。图饰字体是将文字与各种物形，包括一些线或面结合在一起，一种设计方法是以文字为主，各种物形或线条只起烘托文字的作用，以丰富字体设计的内涵，增强视觉魅力。另一种设计方法是将文字与物形或线条处于同等地位，文字与图形不可分割，任何一方不能独立存在。这类独特的文字洋溢着地方本土的气息，增强了信息的传达功能和文字设计的独特性和亲和力，其绘形绘意的信息效果十分强烈，体现了视觉直观的情态之美，是包装设计中常用的手法（图1—5a至图1—5c）。

图1—5a

图1—5b

图1—5c

图1-6a

◎ 四、现代变形表现的字体设计

现代变形表现的字体设计，是在基本字体的基础上，把字的各个笔画或个别字进行变化或加工而成的。一般不以具象形穿插配合，主要在笔画与部首偏旁及空间结构的配合上进行变化，以产生具有新风格的字体形式。标新立异的字体，不仅丰富了字体内在的含义，而且给人一种既现代又亲切的感觉。这是一种将规范的字体加以创意、完善的文字风格，它赋予文字以字面外的强烈意念，通过丰富的联想别出心裁地展示出的文字，超脱了具体的形，而以抽象为意，从而获得传神的表达，以巧变取胜，平中求奇。它的趣味性不是很浓，也不需含有特定的意义，但在整体风格形式上仍有一定的倾向。现代变形表现的字体设计不确定的特性，在具体的设计中大大加强了灵活性和个性突破，突破程式化、概念化、一般化的视觉习惯模式，给人以崭新的印象（图1-6a至图1-6c）。

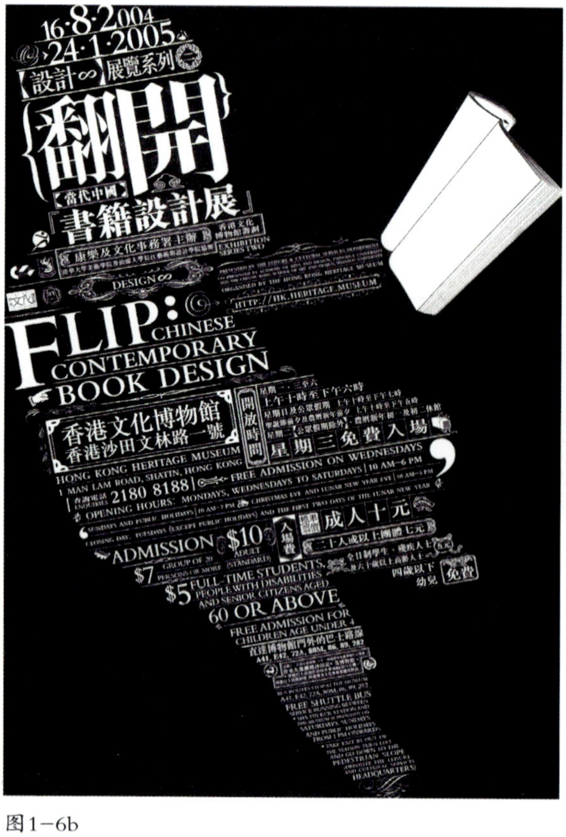

图1-6b

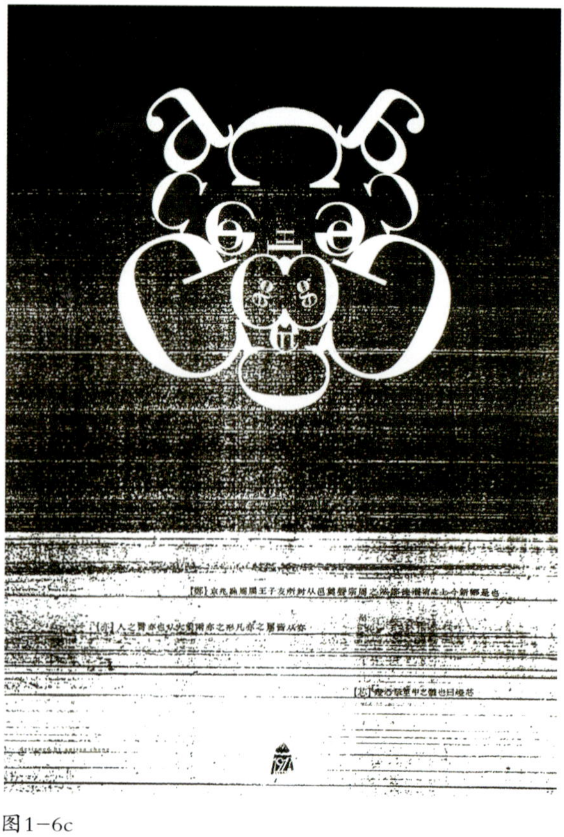

图1-6c

◎ 五、电脑表现等其他特殊的字体设计

人类社会步伐已踏进信息时代——数字化生存时代，计算机与印刷技术正迅速发展。借助可以做出各种效果的设计软件，进行文字艺术设计，富有独特的现代感。计算机的发展，使人们有可能对文字进行更为复杂和抽象的设计，产生了不少独特的设计手法，形成了具有强烈冲击力的视觉效果，以体现信息时代的信息传达方式。如复杂的、透明的肌理效果，色彩互相衬托虚化，对比强烈，极富数码化、信息化的时代特征。还可利用计算机特有的语言进行字形的处理，使字体产生意想不到的多姿多彩的视觉效果。如不同的制版印刷、工艺手段形成的似木版印刷、网点、投影、立体构成等，文与图的组合、群化的汉字组成图形、特殊的材料肌理及影像动感等。站在信息化、视觉化、艺术化的视角审视，它无疑是一种有着巨大生命力和感染力的设计元素，铸就了现代视觉传达设计的一道亮丽的风景线，演进为名副其实的文字信息传达媒介设计（图1−7a至图1−7c）。

文字设计在如今的生活中被广泛地使用，人们能在随处可见的广告、杂志、商标、商店招牌、包装、影视等媒体中看到许多被设计师精心设计后的文字，优秀的文字设计能让人过目不忘，既起到传递信息的作用，又能达到视觉审美的目的。

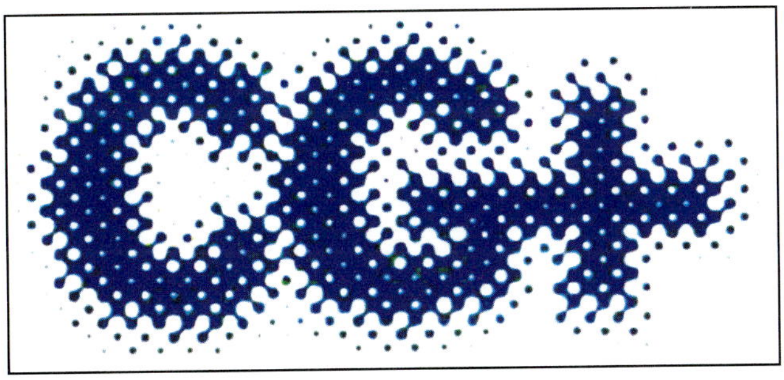

图1−7a

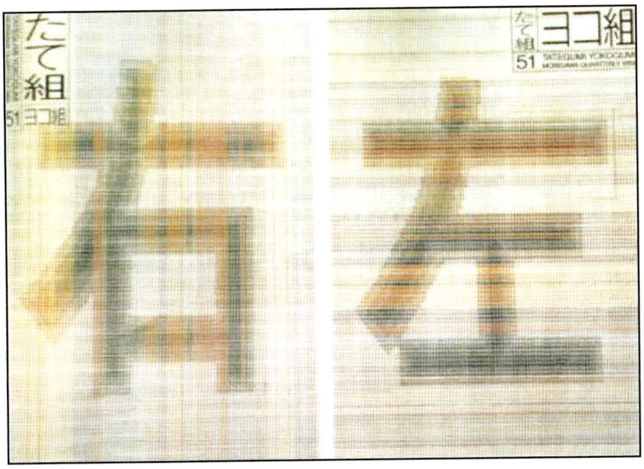

图1−7b

图1−7c

第三节 文字设计的教与学

文字设计课程探讨文字的造型理论与视觉规律，是平面设计方向课程中的一门相当重要的专业基础课程。现代平面设计及其教育，强调的是点、线、面、形、色和质感等视觉要素的构成以及这些要素之间的关系。

文字设计课程是专业设计基础课程的重要组成部分，其主要目的是通过对本课程的学习，使学生从一般对文字的阅读功能延展到对文字审美功能和文字图形化功能的认识，结合具体的设计掌握字体设计正确的思维和方法。要求学生全面掌握和运用视觉要素的设计法则，用现代设计理论来探索文字的点画结构、空间排列以及文字形态的组合，了解与之相关联的载体环境等诸多应用特性，并采用多种造型手段，设计出特定的、在空间上满足实用和符合视觉审美的字体。

作为学生来说，要学好这门课程，设计出较为完整的字体，必须全面而系统地了解与认识文字的基本骨架，文字自身设计的特点与视觉设计的基本规律，掌握文字设计的要点以及字体设计的历史变革，学会借鉴古今中外优秀设计师的经验与方法，使自己成为一名真正的、成熟的设计师。

第2章 文字设计的要点

第2章 文字设计的要点

第一节 鉴别与选择

◎ 一、鉴别高品质文字的标准

1.字体形态的美观度

（1）审察文字的外轮廓

文字的外轮廓形态决定了文字大的形态趋势和外部的美。

在中国的汉字中，从甲骨文一直到书法，其外轮廓都极为丰富，可谓字字不同，但随着雕版字体一直到现在的印刷体汉字，其外轮廓渐趋统一的方形。

单个拉丁字母的外轮廓虽然也受固定形态的束缚，但由于大部分单词由两个或两个以上的字母组成，这种开放的结构使得用拉丁语系文字编排出的外轮廓都极为丰富，即使在字形不变的情况下，仅靠编排就能取得很好的视觉效果。这也是一直以来，拉丁字母在文字编排上的优势所在。

（2）分析文字的内部空间布局

仅从形式上说，文字是由诸多笔画按照一定的结构在一定的空间中构建出的某种形态。文字笔画的形态美，文字笔画周围负空间的形态美，以及文字内部结构布局应有一定的比例关系等因素，共同构成了文字内部的美。

2.字体风格的纯粹度

字体的风格是由历史淬炼出来的，追溯字体在设计史上的风格源头，找出经得起历史检验的字体，能鉴别真正纯真的风格以及文字的品质。

3.字体使用的兼容度

字体的使用尺寸应有一定的兼容度，不会因为尺寸发生变化而产生视觉上的差异。比如某些字体放大到一定的程度后，其笔画的形态就经不起推敲了。

文字的品质不仅体现在其本身，更应联系其使用环境进行考察，即该字体与其他设计元素的兼容度。比如有些字体单看起来显得粗糙，但对于故意制造粗糙风格的设计作品而言可能又是合适的，过于精细的字体反而不恰当了。

◎ 二、恰当选择文字的标准

1．字体的品质高低

可参考第一节考察字体品质的标准，来判断所选字体的品质高低，这是必须的，因为鉴别是恰当选择的前提。

2.符合主题的情调与风格

文字的选择实际上是对于设计作品形式上的锤炼，然而形式上的变化始终离不开主题的制约，应有助于强化信息的快速、准确传达，脱离主题就像跑题的文章一样失去了灵魂。对于字体所蕴含的情调的敏感度，直接决定了文字选择的成功率。表2–1是对于各种字体情调的大致归纳：

表2–1

分类标准	名称	特征简介	视觉感受	举例作品编号
形态特征	粗体	笔画间的负空间小于笔画的粗细度	醒目、力量	图2–1a
	细体	笔画间的负空间大于笔画的粗细度	柔和、雅致	图2–1b
	直线体	以直线为主，或纯粹直线	简洁、爽朗	图2–1c
	曲线体	以曲线为主，或纯粹曲线	流畅、优美	图2–1d
	花体	有花纹进行装饰	浪漫、奢华	图2–1e
	饰线体	罗马体是饰线体的典型	古典、经典	图2–1f
	无饰线体	国际主义风格的代表字体	现代、大方	图2–1g
	书法体	书法可以说是源于中国的文字设计	传统、文化	图2–1h
	自由体	无固有形态规则的约束	轻松、随意	图2–1i
变形幅度	变体	形态变化大，适合于正文段落以外的文字	活泼、个性	图2–1j（上半部分）
	正体	形态统一，适合于正文段落	规整、条理	图2–1j（下半部分）

图2–1a

图2–1b

图2–1a 一篇小说的报纸广告 / 杉浦康平
广告主题文字虽呈散点状排列，但由于采用粗大的字体，所以识别度依然很高，更创造了适合方块状汉字排列的一种形式
图2–1b “华扇”标志设计 / 新山爱子
用极细的线条勾勒出清新雅致的视觉感受

图2-1c

图2-1d

图2-1g

图2-1e

图2-1i

图2-1f

图2-1h

图2-1j

图2-1c “春夏秋冬丛书”封面设计 / 味冈伸太郎
所有笔画都采用粗细一致的直线，风格单纯干脆，笔画间的比例关系蕴含着书法的神韵，因此现代感和文化气息兼而有之

图2-1d 大阪观光招商协会标志设计 / 高桥善丸
选用曲线作为字体笔画的主要基调，尽展“水都”的优美景色

图2-1e 圆形小徽章设计 / Thirteen公司
徽章文字采用花体，营造出温馨浪漫的氛围，正契合“梦”的主题

图2-1f 德国作家冈特·格拉斯系列小说的封面设计 / 企鹅图书 / 1976年
用大号的大写饰线体，充分展现出小说的文化内涵

图2-1g 巴塞尔职业学院举办的“文字设计”展览的海报 / 罗伯特·比希勒 / 1960年
典型的国际主义风格字体，大方得体，适用性强，并和国际主义版式中的网格体系相搭配

图2-1h 梵字 / 慈云（日本学僧,1718－1804）
用书法表现梵字，将深厚的文化积淀表现得淋漓尽致，气势磅礴

图2-1i 京新堂药品店标志设计 / 岛高宏
精心经营的自由线条，传递出清新的自然气息

图2-1j 《光线枪》关于Frank Black的介绍页 / 大卫·卡森 / 1993年
标题文字极尽形态变化之能事，形式的传达力度明显超过了内容本身。正文则采用正体，并通过字体尺寸的变化以丰富正文的层次感

第二节 文字的个性

文字平面构成的要素之一。所有平面构成的规律和法则都可以移植到文字设计的领域，以加强文字个性的塑造。

◎ 一、节奏与韵律

节奏与韵律是来自音乐的术语，在平面构成中则是让重复的元素更有变化的两种方式。

凡是有规律的运动变化叫节奏，节奏有轻重缓急之分，节奏间的过渡通常不会很平稳。如果这种有规律的变化是渐进的、流畅的，就形成了韵律。

在文字设计中，利用节奏与韵律，甚至可以不依赖于其他元素就能使文字有着极丰富的表现力。

节奏与韵律一般通过元素的渐变来实现，渐变又可以细分为距离渐变、大小渐变、虚实渐变、解构渐变等。

1. 距离渐变

在版面空间中，只要存在两个以上相同或相似的文字或文字块，通过移动或旋转某些文字或文字块，使元素间的距离按一定的比例级数产生变化，就可以形成节奏与韵律感。

元素间的距离靠位移来实现，位移的轨迹不受约束，可以是单方向的，也可以是多方向的。另外，在可以抛开文字可读性的情况下，文字间可以通过重叠产生带有韵律感的肌理效果（图2–2至图2–5）。

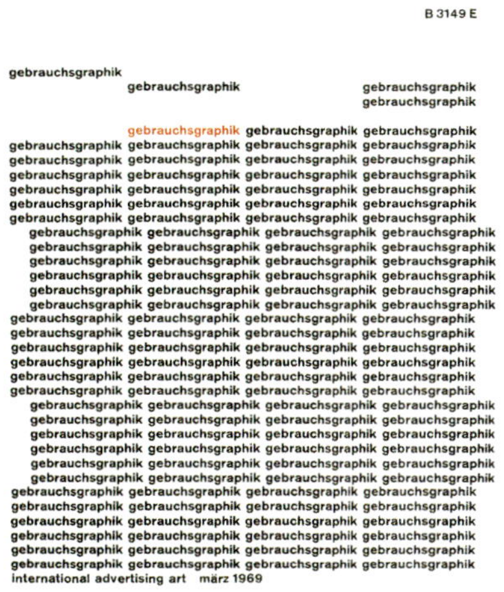

图2–2

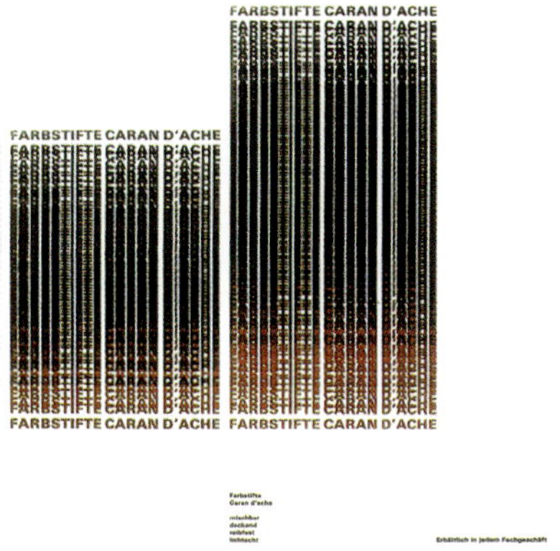

图2–3

图2–4

图2–2 德国设计杂志Gebrauchsgraphik封面设计/菲利普·莱德/1969年于慕尼黑
该封面主要由重复的主题文字构成，通过稍微移动某些文字（文字块）的位置，就在不经意间产生了美妙的韵律感
图2–3 Caran D'Ache彩色铅笔广告研究方案/彼得·托伊布纳/1965年于巴塞尔
将文字垂直方向重复，通过逐渐缩小移动的距离，字与字之间产生了重叠的肌理效应，使文字起到了图形的功能；在移动的起始端与末端，均保留一个未重叠的文字，以起到文字本身的传达功能
图2–4 慕尼黑人民高等学院新学期晚班的开课海报/罗尔夫·米勒/1978年于慕尼黑
三组横向的文字段落等距离依次递进下移，产生类似下楼梯的节奏感；每组内文字段落的移动间距成比例增加，形成流畅的韵律感。另外，在每个文字段落的顶端加上一长矩形块，加强了这种节奏和韵律感

2.大小渐变

在重复文字或文字块的基础上，按一定的比例依次改变文字或文字块的大小，即得到文字大小上的渐变效果（图2–6至图2–9）。

3.虚实渐变

在重复文字或文字块的基础上，按一定的比例依次改变文字或文字块的虚实程度，即得到文字虚实上的渐变效果（图2–10至图2–12）。

4.解构渐变

在重复文字或文字块的基础上，对文字或文字块进行逐步拆解，也可得到一种从不完整到完整的渐变效果（图2–13至图2–15）。

图2–5

图2–6

图2–5 Grafisk Revy封面设计/赫尔穆特·施密德/1964年于巴塞尔
所有文字段落均按同一圆心作不同弧度的旋转重复，整体成漩涡状的韵律感

图2–6 埃米尔·鲁杰尔书籍《文字设计——设计手册》的封套设计/埃米尔·鲁杰尔/1967年于托伊费思
将书籍题目“TYPOGRAPHIE”打散至单个字母，再将这些字母按比例级数逐渐缩小，字母的数量从1到2到3到4逐渐增多，通过比例和数量的渐变形成明显的韵律和节奏感

图2–7 “浙东文化杂志”海报设计/蒋华/2003年
将汉字纳入成比例的方形版面框架中，文字的大小呈有节奏的渐变

图2–8 瑞士《文字设计月刊》封面设计/埃米尔·鲁杰尔/1961年于巴塞尔
将有21种字形变化的Univers字系，呈字形与字号的渐变排列，充分展现了Univers字体的韵律之美

图2–9 “Visual Focus”海报设计/葛文·史密特/2003年
通过依次逐渐改变三个文字块的面积大小，即产生了韵律感，并与同样比例重复的人的图像呼应

图2–7

图2–8

图2–9

图2-10

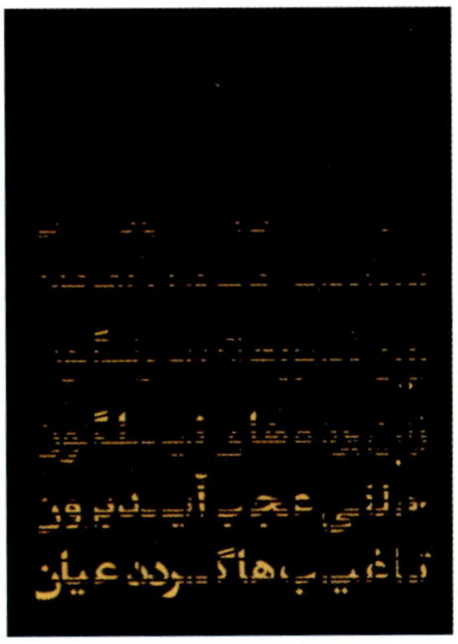

图2-11

图2-12

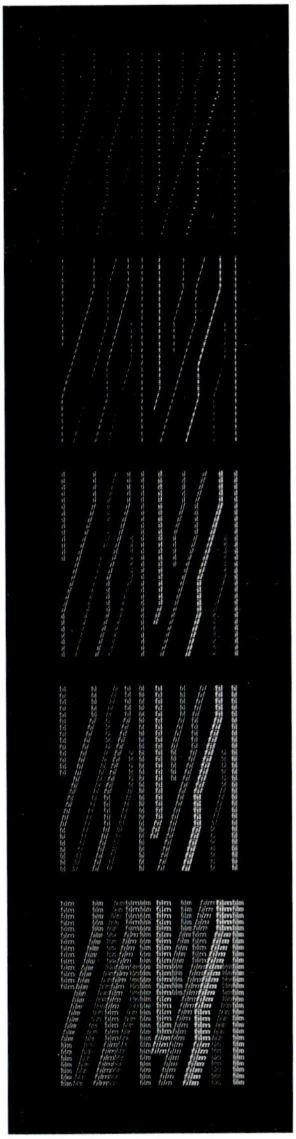

图2-13

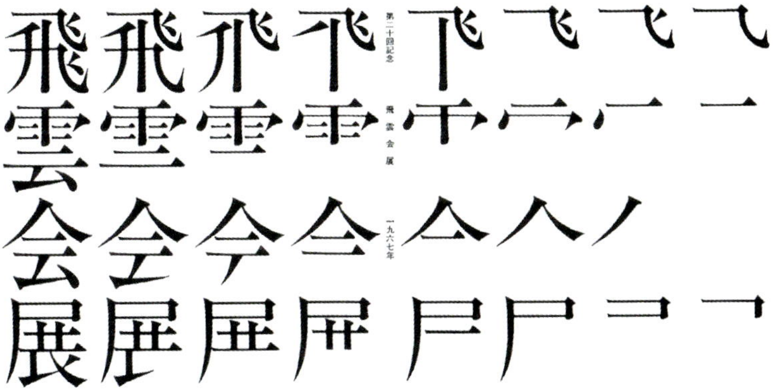

图2-14

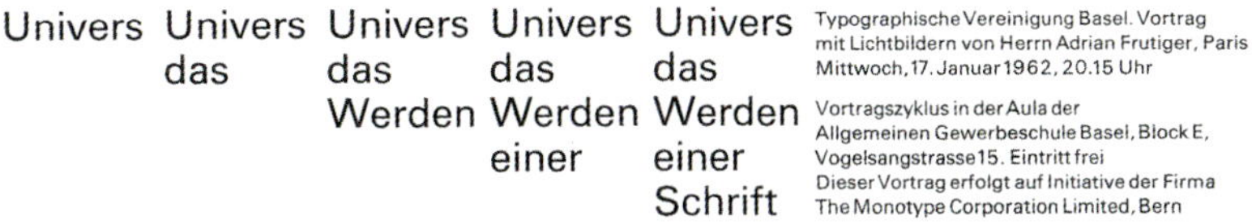

图2-15

图2-10 SI.SI,NO.NO唱片封面设计/罗伯特·布朗约翰/1959年
将唱片主题文字"SI.SI,NO.NO"纵向重复，并隐去文字的上部（"虚"的一种方法），在单调的重复中寻求变化
图2-11 Maziar Zand
逐渐隐去文字的部分形态（越往上隐去的越多），通过虚实渐变带来韵律感
图2-12 电影节封面设计/弗里茨·戈特沙尔克/1963年于蒙特利尔
"Film"呈聚焦到非聚焦的渐变，体现了电影的特征
图2-13 对"Film"这一单词所做的视觉动感效果的实验性册子/赫尔穆特·施密德/1964年于巴塞尔
设计师利用21种Univers字体中的11种来做重复设计。将"Film"折解成单个字母的构成，每次减少一个字母，最终剩下字母"i"上的小点，将五组文字排列在一起，就形成了极流畅的韵律感
图2-14 书法展览的图录封面设计/赫尔穆特·施密德/1967年于大阪
通过折解汉字的部分笔画，使蕴藏其中的构成魅力得以充分展现
图2-15 阿德里安·弗尔提格在巴塞尔职业学院讲座的邀请函（讲座主题是"Univers字体的诞生"）/哈里·博勒/1962年于巴塞尔

◎ 二、对比与夸张

设计可以说是一个解决矛盾的过程，文字设计也是如此。对比与夸张是制造矛盾的典型手法。因此，可以利用文字与文字、文字与其他元素的对比，以及某一元素的夸张来制造矛盾。在此前提下，还应协调好这些矛盾，才能设计出高水准的文字。

对比与夸张在概念上是有区别的。对比是指若干差异概念之间的比较，为了更适宜视觉的表达，可以将这些概念作如下表述："大"与"小"、"粗"与"细"、"虚"与"实"、"疏"与"密"、"单纯"与"混杂"、"粗犷"与"精细"，等等（图2-16至图2-21）。而夸张其实就是在这些差异概念前加上一个"极"字，即向极致的不断逼近与挑战。如"极大"与"极小"、"极粗"与"极细"、"极虚"与"极实"、"极疏"与"极密"、"极单纯"与"极混杂"、"极粗犷"与"极精细"，等等（图2-22至图2-23）。因此可以看出，夸张与对比的关系还是完全对应的。而且，文字设计中的对比与夸张的外延是极其广泛的，不能仅局限于已有的对比与夸张方式。

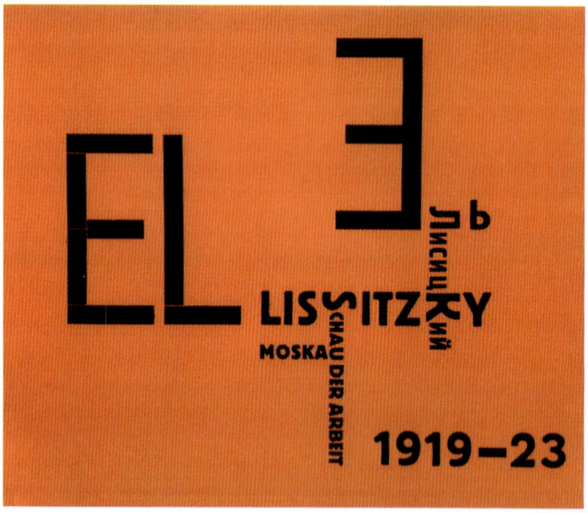

图2-16

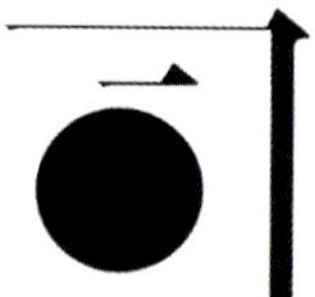
图2-19

图2-18

图2-20

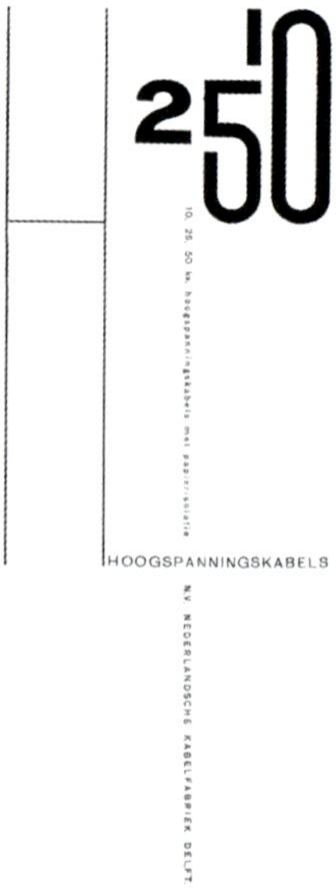

图2-17

图2-16　埃尔·李西斯基展览宣传册的前页/埃尔·李西斯基/1923年
这是文字版面设计大师埃尔·李西斯基的代表作品之一，其名字由罗马字母和西里尔斯拉夫字母组成。通过放大前一个或两个字母，与其他字母形成强烈的大小对比

图2-17　为代夫特市的荷兰电缆公司所做的广告/皮耶·茨瓦特/1925年于代夫特
通过放大或加粗首字母，形成粗与细的对比

图2-18　巴塞尔艺术中心举办的大卫·史密斯的雕塑与奥尔斯特·杨森的绘画设计展览海报/阿明·奥夫曼/1967年于巴塞尔
分别用面与线两种形态表现字母"S"，形成了强烈的虚实对比

图2-19　Tsukasa Logo/Noriaki Hayashi
用一圆形替换明朝体汉字中的"口"，通过形态的对比，形成了难以言说的文字韵味

图2-20　Masaaki Tsuji Glass Art Exhibition/Takaaki Fujimoto
将展览的主题文字拆解成两部分，一部分用正规的无饰线体，另一部分则由凌乱的细线交织而成，产生了明显的视觉反差，是单纯与混杂的对比

图2-21a

图2-21b

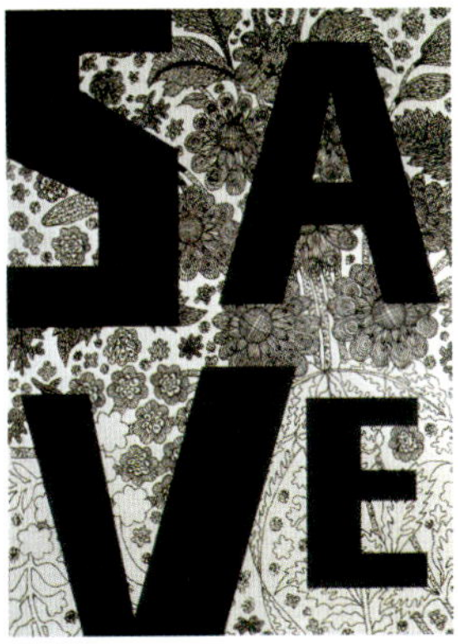

图2-21c

图2-22

图2-21 Coexist（Help、Save、Coexist）/Kazumasa Nagai
这三张是环保题材的系列海报。海报的主题文字（“Help”、“Save”和“Coexist”）大到占满整个版面，形态粗拙硬朗，与用细线条描绘的动植物图案形成粗犷与精细的对比。通过这样强烈的对比，将环保的呼声喊到最高音
图2-22 巴塞尔市政剧院的海报设计/阿明·奥夫曼/1959年于巴塞尔剧院单词“Theater”大写首字母“T”的形象被夸张得极大与极粗，不仅相当醒目，而且是该海报最大的视觉特征
图2-23 “伊朗的想象”本土绘画展海报/Reza Abedini
充分利用伊朗书法文字独特的形态特征，将其用极密的夸张形式排列，在形成绘画的肌理感的同时，保留了书法的韵味，即“书法绘画”的理念

图2-23

◎ 三、意境

意境的构成是以空间镜象为基础的，是通过对镜象的把握与经营得以达到“情与景汇，意与象通”的。画面中“虚”多于“实”，较易产生意境，就像我们总觉得河对岸的风景比河这边的更迷人一样。中国画和书法有着深厚的历史积淀和文化内涵，有着深远的意境。今天的文字设计也有表达意境的诉求和可能性，其意境的创造主要是“似与不似之间”的玩味与把握（图2-24至图2-33）。

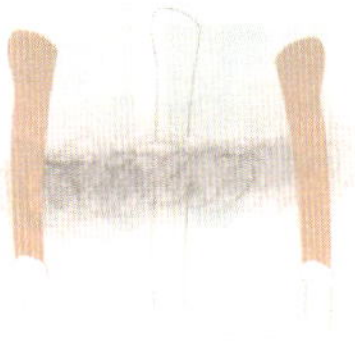

图2-24

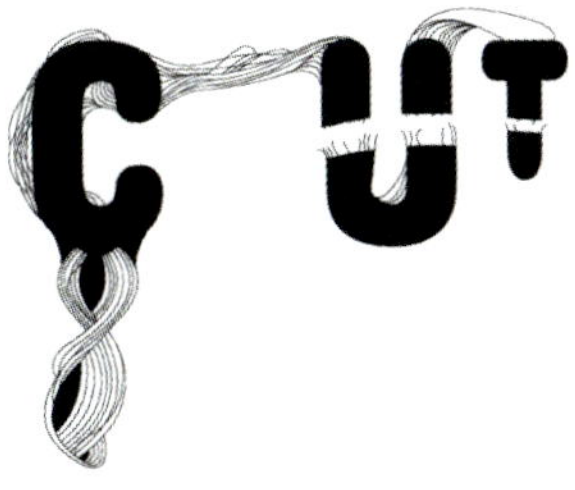

图2-25

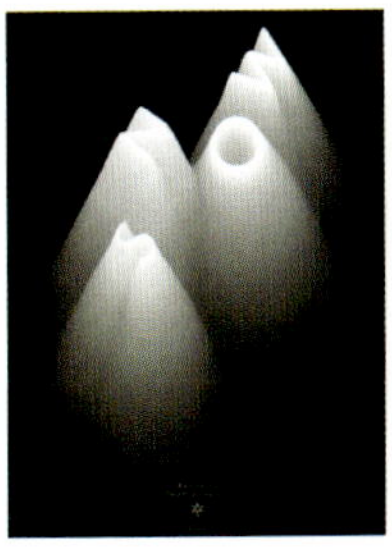

图2-26

图2-27

图2-24　图形字体设计/阿部一秀
在文字“山”中加入了云雾缭绕的感觉
图2-25　图形字体设计/阿部一秀
线条被切断的一瞬间，所有的“发丝”仿佛挣脱了一切束缚，自由而灵动，意境极美
图2-26　“北雪”海报设计（平和纸业有限公司）/三木健
将单词“SNOW”演变成雪山的形态，不仅点明主题，更展现出苍茫空灵的意境
图2-27　“回到亚洲”海报设计/何见平/2004年
将文字藏于景色之中，与景色融为一体，使文字具有了如景色一样的意境
图2-28　“纸·生活·展”/区德诚/2003年
用类似中国书法的感觉设计字体与布局，自然具有中国文化的意境
图2-29　“Die neue Sammlung Munich in Japan”海报设计/葛文·史密特/2003年
用两排纵向排列的小文字将“蜡烛”与“火”分隔开，一种类似宗教的肃穆感油然而生
图2-30　“Haiku”（Japanese 17-syllabled Poem）Syukyo/Hiroyuki Ueno
这四张是关于诗集的系列海报。将折解后的文字笔画，散落在朦胧的背景所营造的氛围中，表达出诗的意境
图2-31　赋予迦尼萨神以生命的咒词/R.K.乔希
在书写中强调出线条的美感，在书法中表达出图画的意趣
图2-32　竹叶诗/曾崇德（清代）
竹枝与竹叶错落交织组成一首诗，是书法与绘画融合的佳作
图2-33　竹山国际艺术节海报设计/安尚秀/1995年
首先用书法营造出欢腾的氛围，再涌现出参展人的名字。这是使文字具有意境的一种典型的设计方式

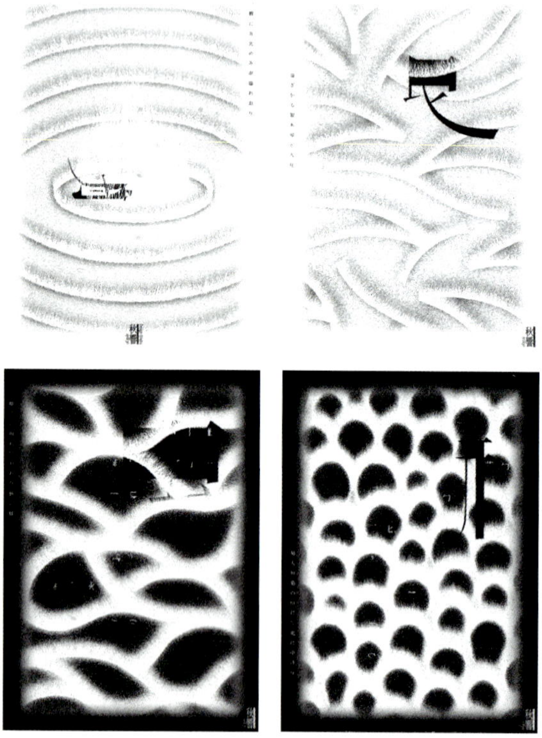

图2-30

图2-28

图2-29

图2-31

图2-32

图2-33

第三节 文字设计的原则

◎ 一、易识别

易识别是文字设计的首要原则。设计的任务就是使文字承载的信息容易被受众识别和接受。

以下列举一些能使文字易识别的方法：

1.简洁

简洁是对冗余的舍弃和对精华的提炼。在同等的环境中，简洁的文字图形相对于复杂的文字图形的视觉冲击力更强（图2–34）。

2.放大尺寸

将文字的尺寸放大是获得冲击力最常见也是最为见效的方法之一。放大的文字越少就越醒目，所以应提炼出最重要的信息进行放大（图2–35至图2–36）。

图2–34

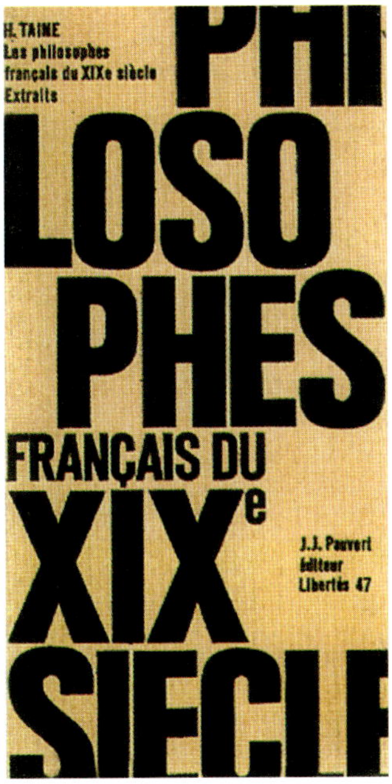

图2–35

图2–34 “go on”系列海报设计/王粤飞/2005年
将“go on”的字体简化成最基本的形态，并分成四张一系列的海报来表达，所以每幅的版面都极为简洁，因此也极易识别
图2–35 在巴黎出版的系列文学书籍的封面设计/埃尔·福舍/1967—1968年于巴黎
放大政治宣言的尺寸，不仅风格合适，而且极易识别
图2–36 四张报纸广告（抗议在瑞士发生的排挤外来工人的活动）/霍斯特·霍赫里/1970年于圣加仑
主题文字的尺寸变得越来越大并直指广告内容的核心

图2–36

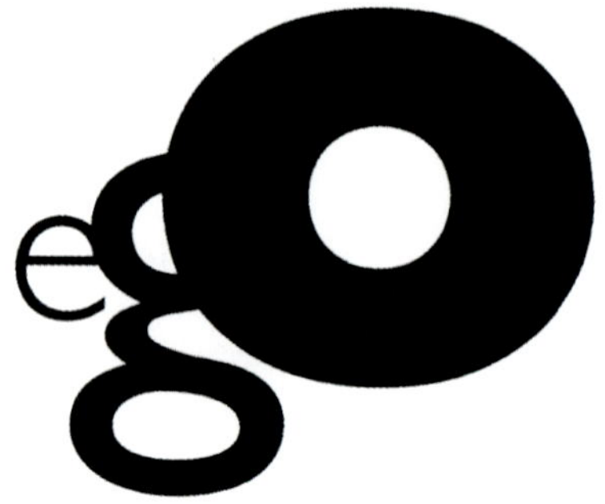

图2-37

图2-38

图2-39

3.加强对比

文字的形态与色彩反差越大越易识别，但这种反差并不是无限度的，应根据设计的主题来调整对比度（图2–37至图2–38）。

4.增加维度

增加文字的维度，能使人产生强烈的视觉参与感，可以根据信息传达的需要，聚焦和引导受众的视线（图2–39）。

◎ 二、可读性

文字的可读性包括文字内容上的可理解度和视觉上的清晰度。文字设计中的可读性实际上就是文字视觉上的清晰度，越清晰则越易读。文字的清晰度是相对而言的，至于清晰到什么程度是由主题决定的，有时过于清晰反而适得其反。比如将多个文字重叠，虽然影响了可读性，但却增强了趣味性。

1.完全可读

文字视觉上足够清晰，不受其他元素的干扰，直白地表达主题，是以信息为主的设计中常用的方式（图2–40）。

2.逼近可读性的极限

设计是靠视觉语言说话的，从完全可读到完全不可读存在一个很大的区间。完全直白的表达纵然是一种表达方式，但现代的设计趋向模糊化。不断尝试逼近文字不可读性，能创造出更抽象、更有韵味的设计作品（图2–41至图2–48）。

图2–37　“ego”咖啡书店标志设计/奥代·艾策/1997年
运用大小和粗细上的对比，将“ego”巧妙编排出一咖啡杯的顶视图形，对应了主题，且视觉感强烈
图2–38　“Art Exhibition Switzerland” Milleniumposter（20 different posters）/梅克·英博顿/2000—2001年
直接将“2”和“0”都放大到超出版面，并互相透叠，形成强烈的色彩对比，使识别度相当高
图2–39　“Russian Soul”海报设计/冯斯·黑格曼/2004年
将所有的文字按同一圆心进行透视变形，使之具有强烈的空间感，增强了海报的识别度
图2–40　为瑞士专业杂志Grafisk Revy设计的封面/赫尔穆特·施密德/1972年于斯德哥尔摩
文字的字体、字号、色彩均不作任何改变，只是改变其编排的位置和组合关系，就传达出不同的面貌，这是最直白的表达

图2-40

图2-41 巴黎奥赛博物馆开馆的海报设计/布鲁诺·蒙古奇/1986年于巴黎
将标志文字放大到超出版面，虽然两个字母都只留下一半，但依然可读，视觉冲击力更强
图2-42 华/胜井三雄
"华"字的部分笔画被隐去，装饰性的花朵在周围若隐若现，文字成了意境深远的抽象画，但由于保留了"华"字最有特征局部，所以依然是可读的
图2-43 "Art Exhibition Switzerland"海报/梅克·英博顿/1999年
主题文字的实形和背景的虚形面积基本一样，使文字本身具有抽象图形的吸引力，在猜测文字内容的过程中，人们真正融入了画面
图2-44 Willisau市Marc Ribot独奏爵士音乐会海报/尼古拉斯·卓斯乐/2001年
将重复的竖线条与文字重叠，可读性虽然减弱，但创造了活泼跳跃的视觉氛围感
图2-45 Willisau市微型爵士音乐海报/尼古拉斯·卓斯乐/1990年
似一幅表现主义的画作，主题文字已隐藏其间。此时文字的可读性并不那么重要了，画面所营造的氛围已说明了一切
图2-46 "Water for Life"海报/U. G. 佐藤/2005年
画面中螺旋状的水波纹其实是由随意书写的主题文字构成，在文字的可读性与图形的可识别性上找到了很好的平衡点
图2-47 Poster for Exhibition at Museum of Russian Art in Kiev, Urkaine/阿佩罗·菲利普/2005年
由斜向的、粗细不同的线条组成了主题文字，观察距离越远越容易辨识。探索近看与远看的视觉差异，是增强文字细节趣味的一种方式
图2-48 "BANCO"海报/Taku
这是一组由五幅海报组成的系列海报，每幅海报由主题的一个字母组成，但都在不影响主题文字的可读性的基础上，叠加上了其他"干扰"元素，以增加版面信息的丰富度

图2-41

图2-42

图2-43

图2-44

图2-45

图2-46

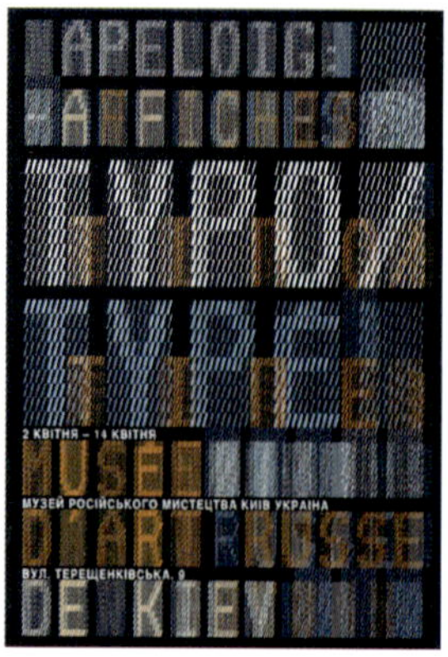

图2-47

图2-48

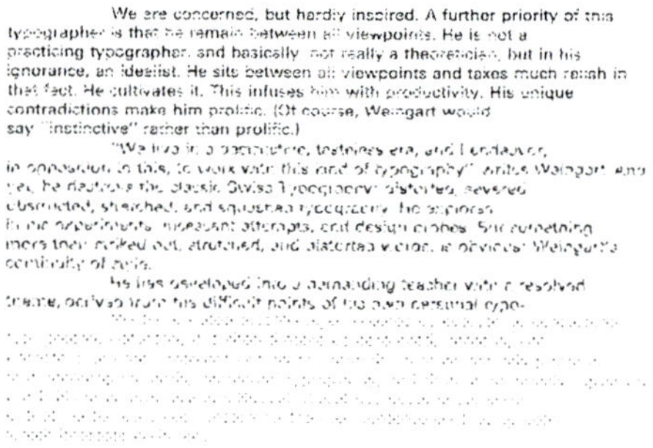

图2-50

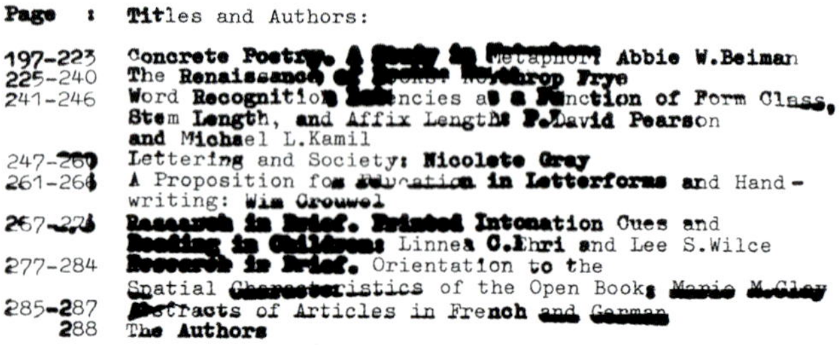

图2-49

图2-49　《可视的语言》杂志封面设计/沃尔夫冈·魏因加特/1974年

将某些文字加粗，有的甚至粗到不可读了，这样，文字段落中，可读的文字与不可读的文字形成了对比

图2-50　文字可读性研究/沃尔夫冈·魏因加特/1976年

设计师探索了当文字减到什么程度时，文字才真正的不可读

3.可读与不可读的对比

“整幅设计中所有的文字都必须可读”，是一种必须大胆抛弃的成见，可读与不可读的对比在形式上是极有实验意义的（图2-49至图2-50）。

◎ 三、趣味性

1.轻松幽默

文字除开语意的表达，可以是一个充满娱乐性的事情，仅仅是一种轻松的组合，在文字上玩玩幽默未尝不可，过于严肃和直白的表达有时缺乏足够的吸引力（图2-51至图2-55）。

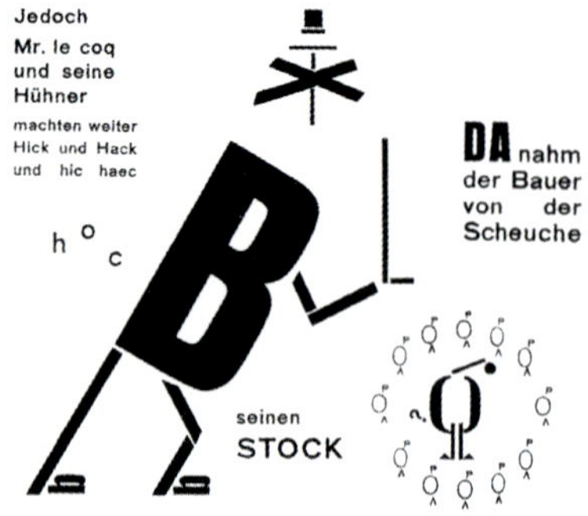

图2-51

图2-52

图2-53

图2-54

图2-55

图2-51 《稻草人》的页面/库尔特·施维斯特、克特·施泰尼茨、特奥·范·杜斯堡/1925年于汉诺威
这是一本用文字设计材料图解的图画书中的一页，它用文字组成了极具幽默感的图形

图2-52 瑞士Willisau市"Herbert Leupin海报展览"海报/尼古拉斯·卓斯乐/1993年
字体的设计与文字的编排都极为轻松，表达了欢快的气氛和无限的乐趣

图2-53 自画像/Atelier
自画像完全由文字拼合而成，尤其是那两撇胡子居然是大括弧，幽默极了

图2-54 TV Do Night Show/Takaaki Fujimoto
是一组电视台的形象标志，在文字中提出字母"D"、"O"和"G"，组成不同表情的脸，设计巧妙

图2-55 伊莱克特拉唱片公司海报/西摩·查斯特/1965年
查斯特在20世纪60年代中期设计的这份招贴宣布了伊莱克特拉（Elektra）唱片公司的搬迁消息。运动中多种风格的字母形式横跨了整个招贴，仿佛要把公司名称带往新的地址

2.童趣

童趣是人类很宝贵的东西，在文字设计中创造出这种感觉显然是很受欢迎的（图2-56至图2-57）。

3.游戏

"文字可以是一种游戏"——皮埃尔。文字设计是可以像游戏一样无拘无束的，只要真的把它当成游戏来看，所有的文字都是游戏中的角色，你来安排该怎么玩（图2-58）。

4.智慧

文字同样可以闪出智慧的光芒。中国有许多谐趣文字，即语言文字游戏，神智诗就是其中的代表（图2-59）。

图2-56

图2-57

图2-58

图2-59

◎ 四、时代性

文字是文化的载体，是可以体现时代特征的，并将这种时代特征视觉化。现代的时代性可以由很多关键词组成，如“数码”、“网络”之类的。文字通过设计也可以是时代的代言者。

1.数码（图2-60至图2-64）

2.三维技术（图2-65至图2-66）

3.网络（图2-67）

4.新媒体与影像（图2-68至图2-69）

5.新材料（图2-70至图2-72）

6.流动感（图2-73至图2-74）

7.可变性（图2-75）

图2-56　Poster for 60th Birthday’s Anniversary of Dydo,for Dydo Gallery/雷曲·马耶维斯基/2005年
用稚气的文字组成了该艺术家的肖像，人们可以猜测该艺术家的个性一定很天真

图2-57　“La Locomotora” Poster for the Theatre Spectacle/雷曲·马耶维斯基/2003年
利用主题文字多“o”的特点，组成了一列富有童趣的小火车，黄绿交替的“L”是护栏，一幅童话般的景象

图2-58　Typographica的封面设计/弗莱彻、福尔贝斯、吉尔/1964年于伦敦
这是一个有趣的文字游戏，数字不变，根据数字的内容或形态特征，创造出自己的图形

图2-59　神智诗（宋代诗人苏东坡的《晚眺》）
将构成七言绝句的28个字（长亭短景无人画,老大横拖瘦竹节。回首断云斜日暮,曲江倒蘸侧山峰。）浓缩，重新塑造成12个字。“神智诗”是将中国文字的形态与意义完美结合的典范，充分体现了中国文化的无穷魅力

图2-60　“文字设计2001”海报/杉崎真之助/2001年
展览的主题为21世纪的文字设计。设计者用“0”和“1”作大小渐变地编排，代表了虚拟空间

图2-61　“Morisawa Font” 海报/Shinnoske Sugisaki
将缩小的方块汉字如像素点一般满版排列，在中间通过字形和位置的变化，呈现出一球体形态，增加了画面的空间感和光感，这正是数码时代给人的视觉感受

图2-62　“Morisawa Font” 海报/杉崎真之助/1997年
采用日本文字进行重复排列，通过变换文字大小、长宽比例、空间位置，表现出一个错综复杂的网络环境

图2-63　“NO? YES! ! /COMPLEX” CD封套/Alfa Eyes design
直接将经过像素化处理的文字与歌手的肖像重叠，体现出歌手歌曲的时代性

图2-64　“RATIO”，Brand Identity for an Urban Planing Consultancy/盖瑞·埃默里
通过变形与减少像素，体现像素在空间中的空间感与变化感，将部分像素改为黑色，即出现主题文字

图2-60

图2-61

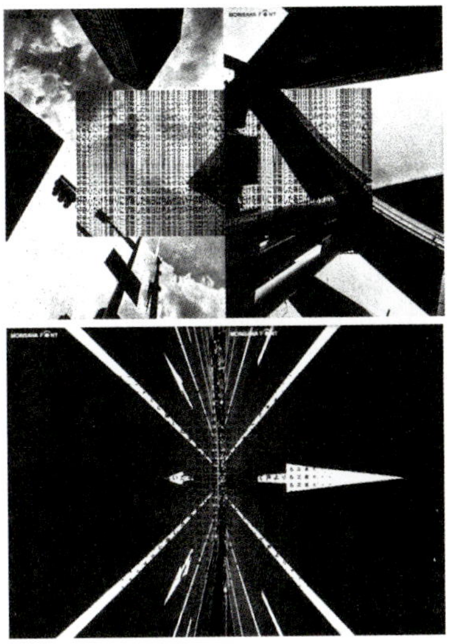

图2-62

图6-63

图2-64

图2-65

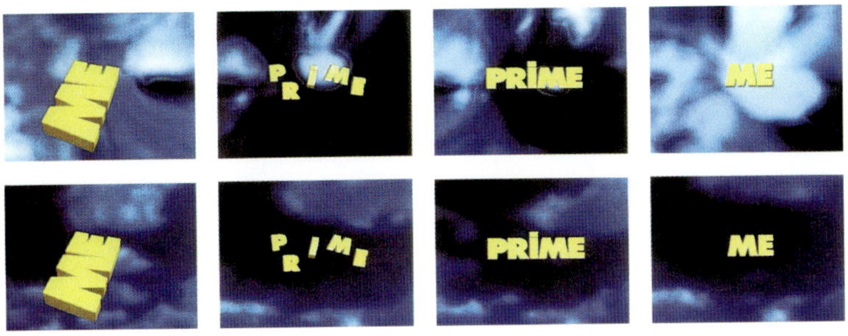

图2-66

图2-67

图2-65　So-net（Courtesy of Sony Communication Network）/Masaaki Omura
运用三维软件模拟出真实的材质、光线与阴影，将单词“So”三维化
图2-66　“PRIME”电视频道的动画解决方案/肯·凯托
将三维文字动态化，体现出电视频道的时代特征
图2-67　Pleats Please Website/Sayuri Studio Inc.
这是一幅网页主页的设计，跳动的文字呼应着舞者的节拍．赋予网络别样的生机和活力
图2-68　Zooropa的视频版本封面/451工作室（U2乐队御用设计团队）/1993年
字体模拟视频效果，这也是早期Photoshop软件的技术风格，体现出强烈的时代特征
图2-69　“土地镜”电视节目片头设计/奥托·艾歇尔/1974年于罗蒂斯
通过从不同方向上放大题目文字，从而创造出动感的效果
图2-70　Aperios（Courtesy of Sony）/Masaaki Omura
将标志首字母“A”设计成透明质感，极具时尚感

图2-68

第四节 文字设计的材料与创新

文字设计并不只限于二维平面中，也可以是实实在在的用各种材料在三维空间中来进行创作的，探索材料在文字设计上的可能性是文字设计向深度发展的一个方向。使用的材料可以在很大程度上决定设计的整体风格，材料的创新可以带动风格的创新。最常见的材料就是纸张（图2-76至图2-84）。

图2-69

图2-70

图2-71

图2-72

图2-73

图2-74

图2-75

图2-71 Sony Eco Plaza（Courtesy of Sony）/Masaaki Omura & Contrail
层次丰富的字母仿佛在圆形空间中游动，色彩与字母形态的总体视觉感受是对透明材料质感的简化与提纯
图2-72 “Marta Herford”海报设计/托尼克/2005年
海报的特点不仅在于文字形成的空间感，而且色彩搭配出了荧光的感觉
图2-73 Harvest-Drive（Courtesy of Sony）/Masaaki Omura
流线风格的“H”形态，给电子产品以强烈的时尚感
图2-74 Sony Life（Courtesy of Sony Life Insurance）/Masaaki Omura & Kouki Yamaguchi
借用“太极”图形的特征，采用流畅的曲线勾勒出“S”形，表现出生生不息的自然美感
图2-75 Toyota Vista Logo Mark/Taku Satoh
应用××的可变性和可组合性，体现出求新求变的时代精神
图2-76 “纸”（艺术展览用纸）/Stephan Bundi/1989年
在纸上剪刻出主题文字的形态，材料的恰当运用使主题得到强化
图2-77 立体字体设计/玛格达勒纳·赫兹克
纸除了能剪能刻外，还能卷曲，该设计就是将纸卷曲成了文字
图2-78 服装设计师黄安妮的目录设计的一页/施德明
通过寻找最适宜表达主题的材料——布料，然后再将布料铺成文字，这是从主题出发的材料上的创新
图2-79 “Leupin Exhibition”海报设计/扬-波伊特·雷威/2003年
将很多凸印有文字的透明塑料板叠放在一起
图2-80 “Pocs-Poster”文化海报/佩瑞·泊克思/2005年
用黏土雕刻出主题文字，体现出设计师强烈的个人风格
图2-81 法国广播电台的CD封面设计/白同异
用蜡作为材料进行文字设计，蜡滴下来形成的独特形态和在滴蜡时的某种不可控制性，共同决定了最终文字的独特形态
图2-82 立体字体设计/萨卡·杜斯塔罗娃
用许多大头针依次钉出文字的外轮廓，加上光线造成投影的微妙变化，使文字呈现出独特的立体效果
图2-83 “TOUT A 13”（EVERYING AT 13 FRANCS）海报设计/乔吉奥·佩思/2004年
文字由电钻在木板上钻出的点组成，用到的材料与在材料上留下痕迹的工具都很戏剧化
图2-84 Home
用灯管弯成立体的文字，不仅形态特殊，而且有光的介入，使设计具有了明显的时代意义

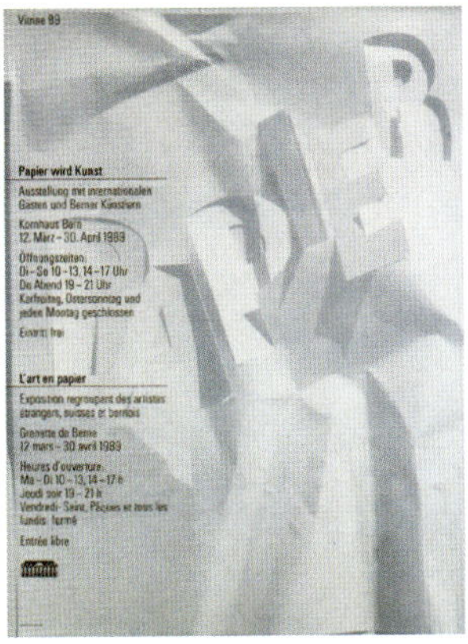

图2-76

图2-77 / 图2-78

图2-79

图2-80

图2-81

图2-82

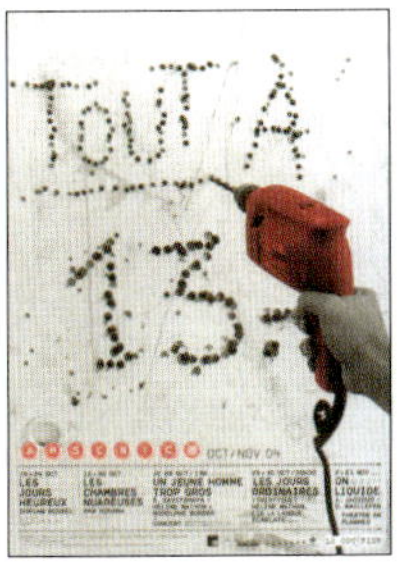

图2-83

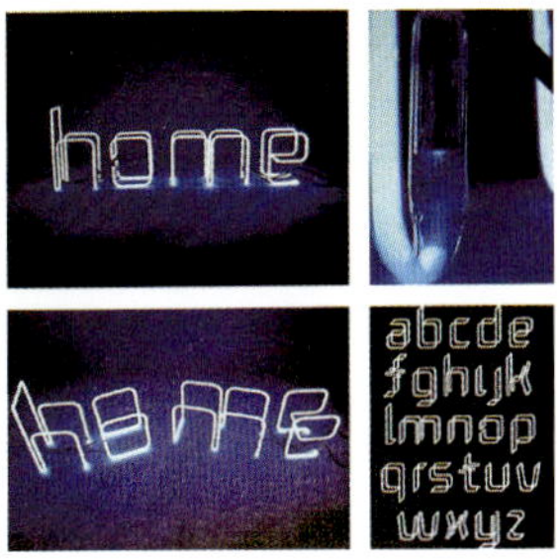

图2-84

本章思考与练习

◎ 第一节

1.鉴赏在成功的设计中应用的高品质的字体。

2.试着在字库中挑选高品质的字体，然后进行分析。

3.对于以下的设计委托，你会选择什么样的字体？（没有唯一的答案，只要能与主题情境吻合即可）

a.散文诗封面

b.月饼包装

c.政治宣传标语

d.丝绸博览会宣传海报

e.情人节礼物设计

f.皇家酒店形象设计

◎ 第二节

1.试着仅用文字的编排来表现两段音乐，一段是旋律优美的，一段是节奏感强的。

2.运用夸张的手法，为“极大乐队”设计一张宣传海报。

3.设计某书法展的海报，要求体现出书法的意境。

◎ 第三节

1.总结至少五种制造文字不可读性并保留一定的可读性的方法。

2.试着根据“神智诗”处理汉字形态的方法，做一些汉字形态与其意义相结合的实验。

3.为某电脑城设计一形象标志，要求体现出数码时代的特征。

◎ 第四节

1.利用纸作为材料，深入挖掘纸张的各种潜能，设计一幅文字作品。

2.抛开已有的文字设计材料的限制，找到独特的并适合文字造型的新材料，设计一幅文字作品。

第3章

文字设计的方法与创意

第3章 文字设计的方法与创意

第一节 形态性文字设计

字母不仅是标记，而且还是图像。它们可以，并已经成为了一种人类的时尚。思考一下那些以借助建筑式风格和立体化文字为基础来体现的期刊，看看他们的成果是怎样让版面获得体量感和质感，甚至正变得更富于人情味……

——伊什尼·伯纳德

将文字看成图形，其实就是观察方式的转变，即从以前只重视文字的内容转变到文字的内容与形态并重，甚至更多关注文字的形态。文字本身就是各种形态的集合，一旦把文字作为图形来使用，文字就仿佛焕然一新了。

文字设计是一系列设计的总称，它包括字体设计、文字编排设计以及文字与图形的关系设计等。具体来说，在只有文字或以文字为主的设计中，文字的形态包括文字的外形、多个文字的组合形态以及文字段落的外轮廓和内在肌理形态。在既有文字又有图形的综合性设计中，文字的形态性就在于将文字与图形巧妙地相结合。

中国数千年来使用的文字是象形文字，在文字形态性方面有着得天独厚的优势。每个汉字都是一幅图画，它的形态与构造值得好好研究。

◎ 一、文字组合形态

多个文字共同构成形态，属于文字编排设计范畴。这种

图3-1

图3-2

图3-3

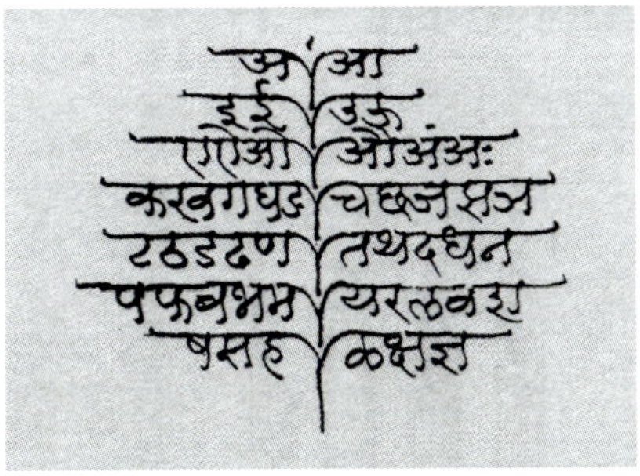

图3-4

图3-5

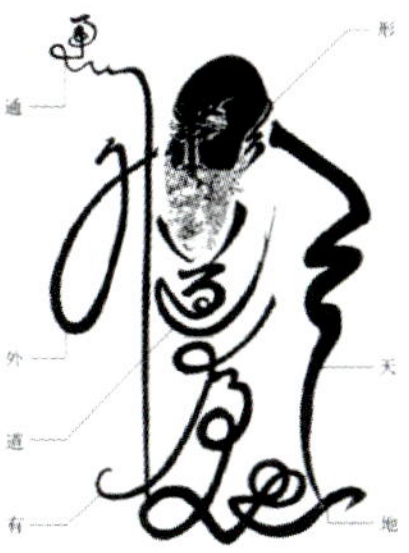

图3-6

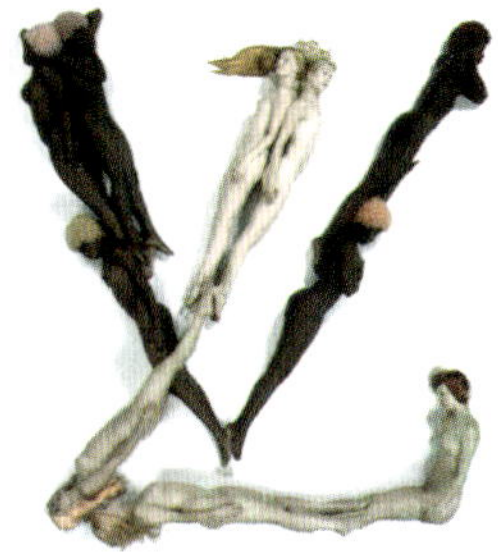

图3-8

图3-7

图3-9

图3-1　大阪厚生年金医院标志
医院名称的首字母“b”和“t”加上3个圆括号，共同组成了一个可爱的笑脸，创造出和蔼可亲、服务周到的医院形象
图3-2　Iwate Nature School/Norito Shinmura
一些随机放置的字母和椭圆形线框组成了抽象的人形，是后现代风格的标志，强调的是形态的组合而非形态本身
图3-3　Hokusetsu/Ken Miki & Associates
将主题文字“北雪”按圆心重复六次，形成雪花的形态，恰当地表达了主题
图3-4　印度书法/R.K.乔西
将天城文字的主要辅音和元音排成树状的“字母表”
图3-5　“2004新年卡”展览海报设计/小扬·阿及里西/2003年
将数字“2004”中最核心的“4”重复排列成圣诞树的主干，树上装饰着各种字体的文字，就像挂在树上的彩灯和礼物一样
图3-6　书法文字——“道通天地有形外”
用书法写成的“道通天地有形外”几个字组成了一拄拐的老寿星的形态，书法与绘画、文字与图形浑然天成，可以说是中国早期的文字设计
图3-7　阿拉伯文书法画（以书法文字构成的绘画）/19世纪
仅用阿拉伯文字美丽生动地表现了“乌鸦喝水”的故事
图3-8　巴黎香榭丽舍大饭店路易斯威登（Louis Vuitton）Logo文字形象/瓦妮莎/2006年
用人体的不同姿态组成字母“LV”，通过肤色的不同来区分“L”和“V”，是奢华与艺术的结合
图3-9　绘画性文字设计/汉斯-鲁道夫·卢茨/1968—1972年于苏黎世
这是一篇关于社会历史的文章，仅仅通过改变字体的粗细，就把马克思的肖像描绘得栩栩如生，这是将段落文本与相关图像结合的一个范例

方式不是拘泥于单个文字的具体形态，而是主要研究文字与文字之间的构成关系，以及它们的组合方式，使同一个文字群落中容纳尽可能多的信息（图3-1至图3-9）。

◎ 二、文字与形态互换

只要文字的形态与图形或图形的局部形态相同或相似，文字与图形是可以互相替换的（图3-10至图3-14）。

图3-10

图3-11

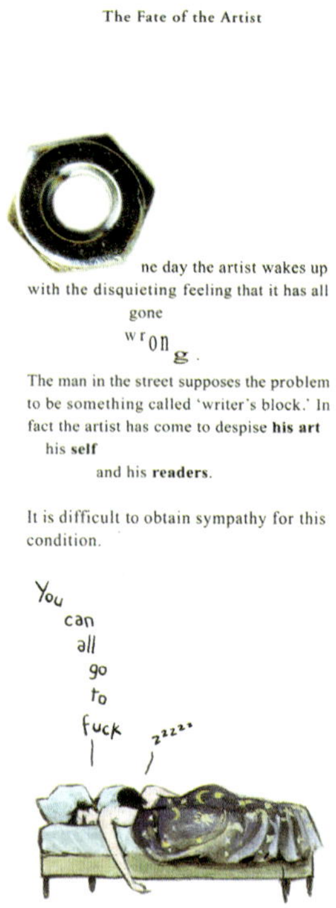
The Fate of the Artist

ne day the artist wakes up with the disquieting feeling that it has all gone wrong.

The man in the street supposes the problem to be something called 'writer's block.' In fact the artist has come to despise **his art** his **self** and his **readers**.

It is difficult to obtain sympathy for this condition.

图3-12

图3-13

图3-14

图3-10　停止/莱克斯·德莱文斯基（德国）/1993年
将纳粹标志中的“S”形提取出来，组成单词“STOP”，清晰地传达了“停止纳粹”的意念
图3-11　我们只有一个地球/帕·基波勒（匈牙利）/20世纪80年代
将“ONE WORLD ONLY”中共有的字母“O”去掉，并用地球的图形替换掉单词“ONE”的“O”（地球图形与“O”在形态上相似），将其他去掉了“O”的两处空着，表达地球只有一个的主题
图3-12　出去过妇女节/格耐·费德雷科/1951年
将自行车的两个轱辘用“go out”中的两个“O”替代。这样，图形与文字完美地融合在一起
图3-13　美国字体商店海报/艾伯特·赫兰斯泰因
用文字替换帽子上的红色条纹，兼顾了图像的简洁有力与信息量的丰富
图3-14　The Fate of the Artist中的一页
用螺丝图像替换段落文本的首字母，这是将图像融入段落文本的一种尝试

◎ 三、文字与形态的融合

既不是文字替换了图形，也不是图形替换了文字，而是文字与形态并重，重要的是协调好文字与形态的关系(图3-15至图3-16)。

图3-15

图3-16

图3-15 Potter's pot/Norito Shinmura
将字母“P”设计成壶的形态，清晰地表达了主题
图3-16 巴黎国际艺术城系列海报/毕学锋/2005年
将巴黎街景与主题文字结合在一起，文字与图片都采用大块面黑白版画的效果，所以结合得很自然

图3-17

第二节　概念性文字设计

凡是强调功能的设计，都应表达出一定的概念。设计中的创新就是打破以往的概念，用新的概念指导设计。

文字的概念性是指将事物的概念引入文字形态的塑造，文字可以拥有某种物理特性，和现实中的具体事物产生联系。

文字除了其本身所承载的信息可能表达某种概念外，文字本身的形态化特征有提升概念的可能性（图3-17至图3-27）。

图3-18

图3-20

图3-21

图3-19

图3-22

图3-17 零件字体/保罗·艾丽曼
文字由工业的零件和小件的侧面轮廓组成
图3-18 “Cassina-SINDBAD Table”海报/塚本明彦/2000年
将文字设计成挂在绳上的软纸，给人一种疲惫的感觉，表达出疗养的概念
图3-19 “全球变暖”Mainichi Newspaper报纸广告/Norito Shinmura
在海报中，文字仿佛被赋予了生命力，不断上升的海平面竟然快要把整个文字给淹没了，表达出控制全球变暖不容等待的观念
图3-20 反对魁北克公民投票分离运动的海报/恩斯特·罗赫/1980年于蒙特利尔
红色的“加拿大”单词与蓝色的“魁北克”单词交织在一起，直接表达了海报的信息内容
图3-21 Man，Hakuhodo inc.
仅将“男”字逆时针90°放置，就描绘出一男足球运动员横空射门的样子，充分表达了主题概念
图3-22 和平/查尔斯·希尔和杰夫·麦克凯伊（美国）/1991年
将平等的英文“PEACE”设计成一平衡状态的天平形态，完美地传达了“和平就是平等”这一概念
图3-23 哥伦布发现美洲500年/T.A.莱文多斯基（法国）/1992年
用“哥伦布发现美洲500年”替换“可口可乐”的文字，用新的信息置换人们熟知的概念，用情理之中表达意料之外

图3-23

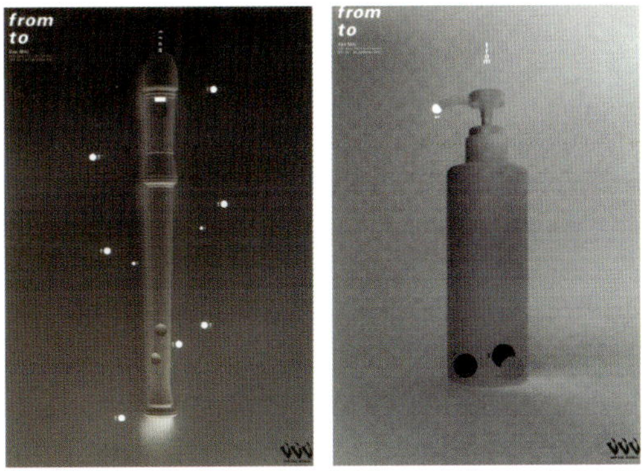

图3-24

图3-27

图3-25

图3-26

图3-24 From to/三木健
文字的排列与整个设计的概念紧密相关，表达了器物在使用过程中的状态
图3-25 Nurturing the 21st Century/Norito Shinmura
用树的从小到大、数字从少到多的渐变手法，清晰地表达了主题概念
图3-26 “艺术为人民”/徐冰
英文字母汉字，对字母纵横罗列，把一个英语单词变成汉字的形态，是中西概念相融合的文字设计
图3-27 圣诞卡设计/塚本明彦/2000年
用字母“A”作为整个圣诞卡的基本构造，即用文字的概念来进行设计

第三节 实验性文字设计

文字既然可以是图形，那么就可以进行单纯的形式实验，以获得更加丰富的文字形式语言。文字实验是在没有先入为主的观念的前提下进行的，且遵循一定的规则和步骤。文字实验有编排、材料、空间等方面的实验（图3—28至图3—39）。

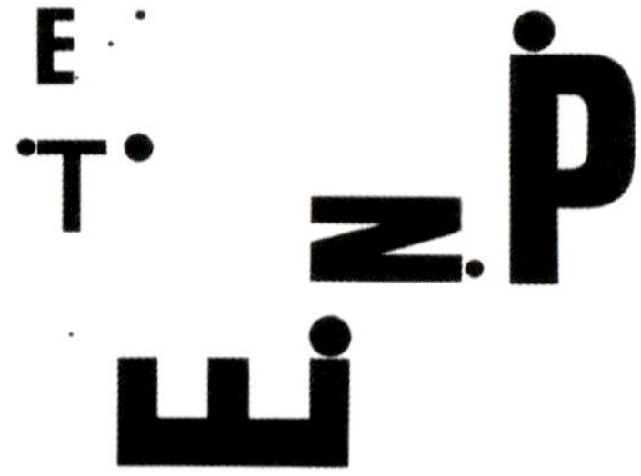

图3—28

图3—29

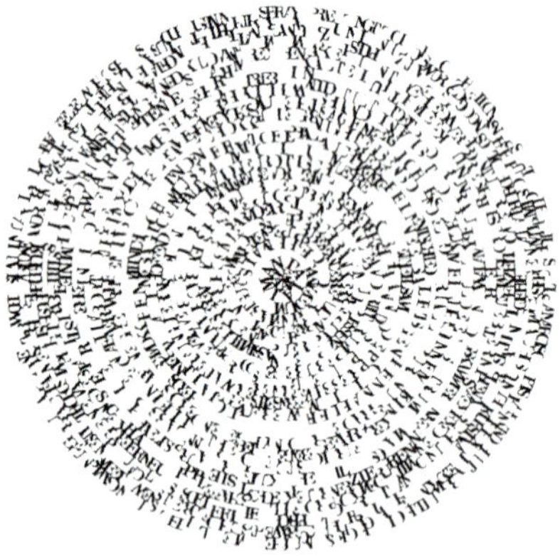

图3—30

图3—28　无意义的文字组合训练/沃尔夫冈·魏因加特/1971年
这是文字编排方面的实验。只追求编排的形式，不追求意义
图3—29　现成印刷文字的再组合/沃尔夫冈·魏因加特/1971年
是现成的印刷字体拼贴的集成，实验了不同字母笔画互相置换的可能性。其中，四个“U”的形态各不相同，字母“m”经过角度的旋转，变成了字母“B”、“E”和“W”的全部或局部
图3—30　视觉文本实验/费迪南德·克里韦特/1962—1963年于杜塞尔多夫
通过旋转和剪切的形式处理技法，使整个文本的形态趋于抽象化和图案化
图3—31　“中国美院75周年”海报设计/何见平/2003年
将文字透明叠加在一起，形成类似中国画的晕染效果，风格新颖，艺术氛围浓厚，是现代字体与中国传统美术融合的一种成功尝试
图3—32　“SPREAD”，Logo for a restaurant & lounge/米寇·伊立客/2002年
文字虽然被桌布遮住，但形成的褶皱暗示了文字的形态。实验了和主题相关的物体与文字在现实空间中的结合
图3—33　装置“诅咒的石头”/高登永
受英国西北部卡莱尔镇议会的委托，用来纪念1525年大主教为平息边界冲突所作的诅咒。让文字布满整个空间，仿佛咒语般萦绕在参与者的四周，是将文字融入现代实验艺术的一个例子
图3—34　阴影游戏/德尔斯·约加
探索用物体投射出的阴影来形成文字的可能性，想法超越了本体，具有实验性和开拓性
图3—35　“Now” Typographic Homage to the Work of the Israeli Visual Communicator David Tartakover/奥代·艾策/2004年
将钉子用塑料绳系起，形成网状结构布满空间，远处用钉子结合在一起组成主题文字的形态，是用材料作为文字的语言在空间中的展现

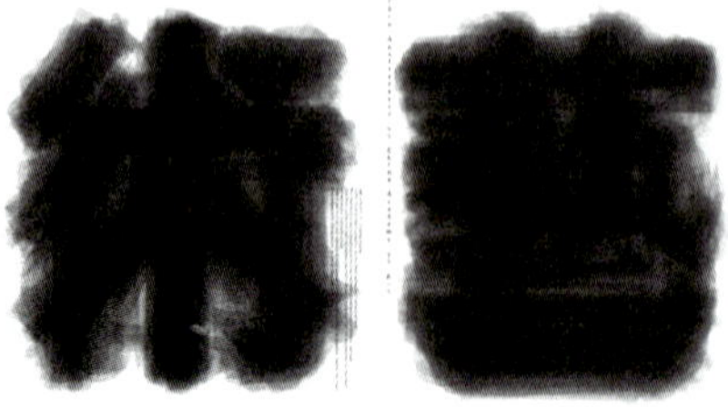

图3—31

图3—32

图3—33

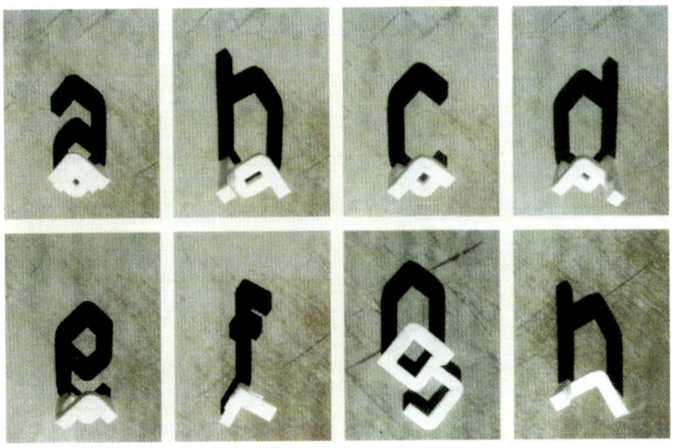

图3-34

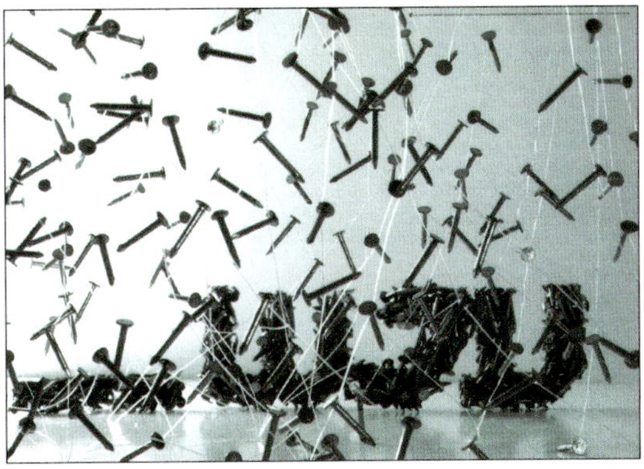

图3-35

图3-37

图3-36 “The Message” Typographic Homage to the Music of the Israeli Composer Arye Shapira/奥代·艾策/2001年

纸的正面是白色，背面为黑色，将文字的部分笔画通过切割从纸上立起，不仅使文字介入了空间，还因黑白的对比形成了肃穆的氛围

图3-37 宁波国际海报双年展系列海报之一/“Typography”/毕学锋/2005年

设计师利用摄影来进行文字设计表现，将拍摄的四种状态的“T”的局部拼合在一起，重新组成字母“T”

图3-38 “深圳六人展”目录设计/毕学锋/2005年

将参展人的名字的笔画进行拆解，印于透明胶片上，每页胶片上的笔画均不相同，几页重叠组成了完整的文字。这是一件很有观念性的作品，观者的参与性也很强

图3-39 身体动作与文字一览表/工藤二木

文字设计是一个广阔的天地，几乎任何能想到的事物都可以用来表述语言和文字，这件作品即是用身体的动作来表述文字的，展现了文字设计的极大可能性

图3-36

图3-39

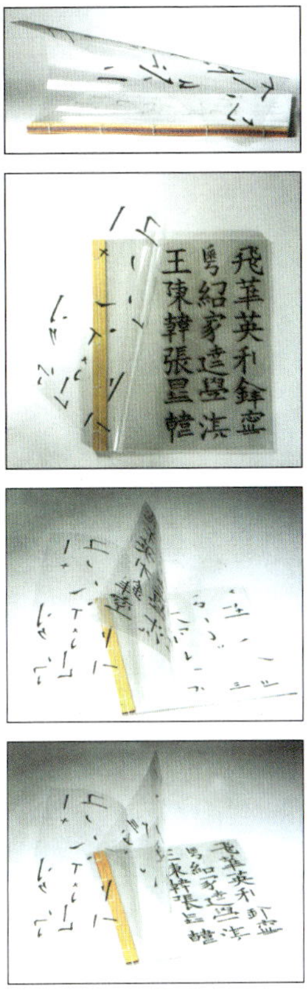

图3-38

第四节　信息性文字设计

在当今这样一个信息大爆炸的时代，每天充斥着大量的信息，鱼龙混杂，良莠不齐，因此，信息设计对于人们是否能快速有效地获取到自己想要的信息尤为重要。信息设计几乎涉及生活的方方面面，如网页、表格、手册、图表、出版物、标志、幻灯片、说明书、包装、设备展示和仪表盘显示、各种广告、菜单，等等。

文字是信息的载体，是组成信息的主要成分。文字又是内容与形式的复合体，它在形式上千变万化的可能性，使得信息传递的方式是多种多样的。信息性文字设计主要指的就是让文字信息的形式符合主题要求，促进信息的有效传播，这些比起文字信息本身来说更为重要（图3－40至图3－44）。

图3－40

图3－41

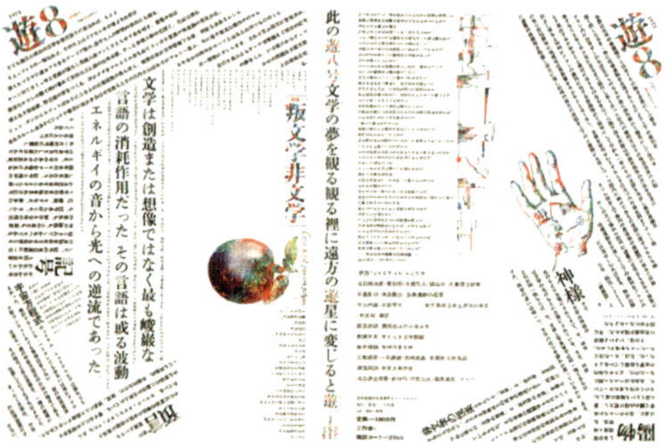

图3－42

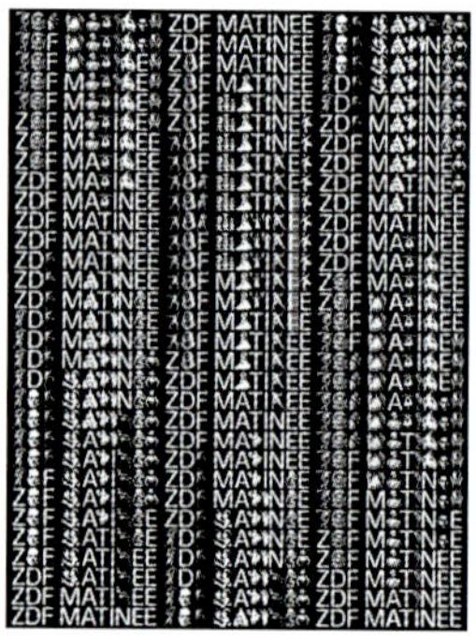

图3－44

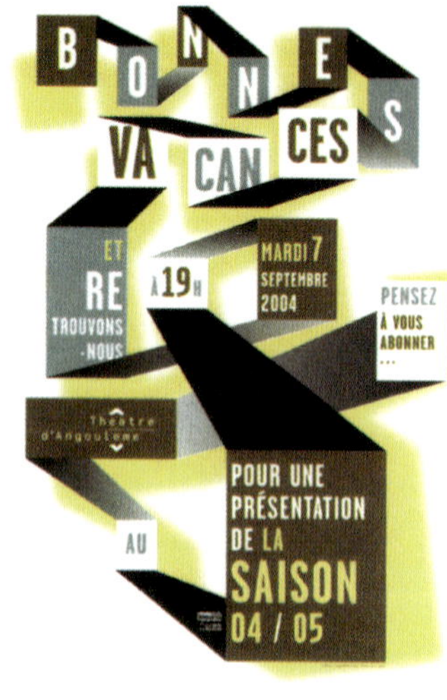

图3－43

图3－40　时间表和事件通报页面设计／罗夫尔·米勒／1971年于慕尼黑
这是第20届慕尼黑奥林匹克运动会布告中的时间表和事件通报页面。以三种语言构成信息，富有节奏感和逻辑感

图3－41　有关赫尔曼·米勒国际公司藏品的年历设计／黑尼弗莱·施哈克尔／1971年于巴塞尔
在垂直的文字排列中，设计师以变换字体和线宽来表明月份和季度

图3－42　《游》杂志第八期封面设计／杉浦康平／1975年于东京
巧妙借用伊斯兰式的书法，众多信息排列的角度不一，且相互穿插、井然有序地编排起来

图3－43　“Theatre d’Angouleme”海报设计／安内特·兰丝／2004年
将文字信息重新分配后纳入矩形色块中，然后将这些矩形按信息阅读的顺序两两相连，形成信息的空间感和跳跃感，从而创造了一种新的文字信息的表达方式

图3－44　“ZDF Matinee”（TV Cultur Programm）海报设计／克里斯妥·葛司南／1979年
将文字信息进行重复，在每一行中都用形态与字母相似的图形体现部分文字，以至于读完全部的信息后才能拼合成完整的一排文字，增加了信息表述的趣味性

第五节 空间性文字设计

文字不仅是平面的，而且是空间的，文字向三维空间的延伸，增强了文字的表现力和受众的参与度。文字的空间性包括虚幻空间和实际空间。当今的文字设计有向实际空间拓展的趋向。

◎ 一、虚幻空间

虚幻空间实际上并没有突破二维平面的限制，仅是在平面上营造三维空间的感觉。通过基本的透视法就可以实现这种感觉。

营造文字的虚幻空间的方式有很多，例如单个文字的形态变形、色彩渐变、虚实对比等等，还有多个文字在尺寸、数量上的变化也可以产生空间感（图3–45至图3–49）。

图3–45

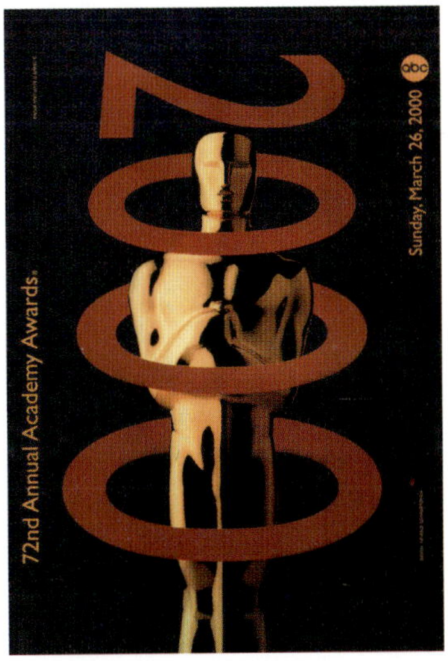

图3–46

图3–48

图3–49

图3–45 “Chicago，Birth of a City 1872—1922”书籍封面/阿佩罗·菲利普/1988年
将单词“Chicago”进行与大楼的角度一致的透视处理，形成强烈的空间感，字母“g”处有一个90度的大转折，精彩的文字处理，使整个画面极有力度
图3–46 “72nd Annual Academy Awards”海报/盖·索凯特/2000年
将数字“2000”处理成透视效果，三个“0”像飘动的彩带，围绕着奥斯卡的“小金人”，画面因此整体大气，气氛既庄重又热烈。说明只要文字与图像的关系处理得当，文字的表现力是相当惊人的。
图3–47 “Berlin Seen by AGI”海报/克里斯安·葛司南/2005年
将主题文字分成“BER”、“LIN”和“AGI”三部分，以不同的透视角度在空间中进行穿插组合，形成的图形类似传统徽章
图3–48 Maziar Zand
将立体化的文字笔画互相穿插，使文字具有了雕塑般的空间感和体积感
图3–49 “Cafe del Arte”，Osca餐厅标志/伊斯朵·费勒/2004年
用写实的手法，将标志的首字母“a”做成了咖啡杯的杯耳，形象地表达了主题

图3–47

◎ 二、实际空间

文字与实际空间的结合，使文字真正突破了二维空间的限制，在更广阔的现实空间中，实现文字在空间中的状态和视觉表现的可能性。比如文字的各个部分分属于不同的空间，文字起到了联系不同视觉空间的作用（图3–50至图3–53）。

图3–50

图3–51

图3–50 高桥善丸＋大阪艺术大学大学院GD研究生
将字母“RE”分成两部分，分别置于不同的空间中，从特定的角度观察，空间仿佛被压缩成了平面
图3–51 国家舞蹈中心的字体模型/皮埃尔
这是设计师制作的立体的文字模型，在一个恰当的角度，文字模型仿佛是放在了建筑物上，这样能模拟把文字真正安装上建筑物的样子
图3–52 舞蹈中心的外墙立面设计/薛博兰（“五角”设计公司）
建筑的外墙布满了文字，文字的功能得到最大化的展现，文字融入了建筑物以及城市空间
图3–53 字体“谢谢”（玻璃纤维）/劳伦特·道巴赫和查尔斯·温宁/2003年
用玻璃纤维做成具体的雕塑似的文字，图上所示的是将该文字放置在不同空间中的样子

图3–52

图3–53

第六节 动态性文字设计

意大利未来主义画派首先探索了在画面上表达动态的可能性，他们将物体的动态轨迹记录到同一画面上，表现了强烈的动态。同样，文字也能产生动态，这种动态分为平面上的动态感觉和真实的动态两种。

◎ 一、平面上的动态感觉

通过观察和记录物体在运动中的形态及其变化，就能在平面上再现物体的动态，并使观众通过一个动态瞬间的定格联想到整个动态的过程（图3-54至图3-59）。

图3-54

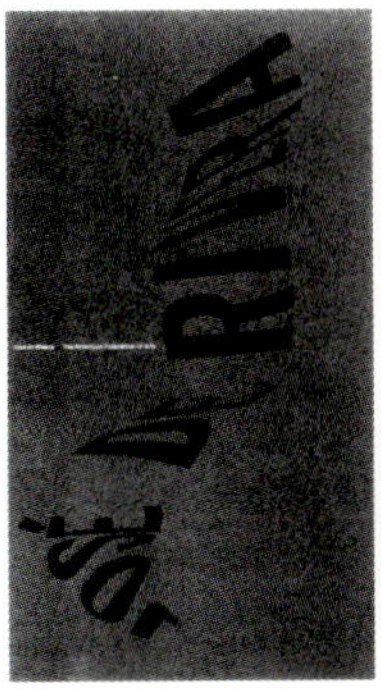

图3-55

图3-56

图3-57

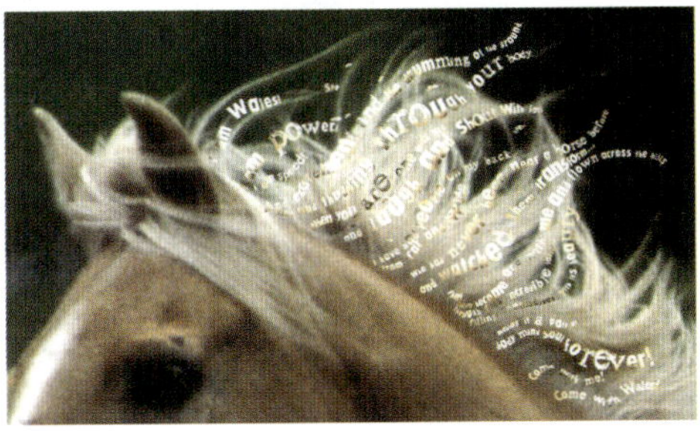

图3-58

图3-59

图3-54　音乐电视频道“ARC”标志设计/肯·凯托
用弧线切割文字，产生一定角度的错位，这种错位使整个标志文字产生了微妙的动感
图3-55　艺术家乔斯·德·里韦拉图录的封面和封底设计/乔治·切尔奈/1961年于纽约
将文字扭曲变形，仿佛飘带在天空中飘动
图3-56　Kenny A Inc. Public Relations/Kenny A Inc.
字母“A”洒出去的一瞬间，形成的优美的运动轨迹
图3-57　为诗人金芝河而作的海报/安尚秀/2004年
以印证金芝河的心路历程及大千世界运转变化的“理想图秘符”为主题，红色的文字随着书法的气势跳动着，融入画面气势磅礴的氛围中
图3-58　“Horse”，Advertising Print Campaign/彼得·安德森
根据马的鬃毛的动势来编排文字，使文字与鬃毛一起随风飘扬
图3-59　“Glider Feet”（“IT Magzine” issue：“Wild”）/彼得·安德森/2000年
帅气的文字编排与“滑步”形象强烈的动势的完美结合

◎ 二、真实的动态

动画的表达方式突破了二维空间对动态的限制，使文字真正动了起来，即真实的动态。动画完整记录了文字动态的全过程，对于文字理念传达更充分，也由于动态的特征更容易抓住受众的注意，也更富有感染力。现在用动画的方式来辅助解析标志设计的理念，也是对动画的巧妙应用（图3–60）。

图3–60 "O2 · e" 动态文字设计/肯 · 凯托
这四幅图以三维动画的方式展现了文字标志诞生的全过程，这是传统的静态画面无法实现的

图3–61

第七节 文字的组合设计

在内容上，文字天生有着组合的特性，无论词句、段落还是篇章，都是由基本的文字单位组成的。在形态上，无论汉字还是拉丁字母，都是由为数不多的固定的基本笔画组成的，也就是说，它们是可以任意拆解和重新组合的，而且组合的方式有无数种，这就为文字设计提供了无数种可能性（图3–61至图3–69）。

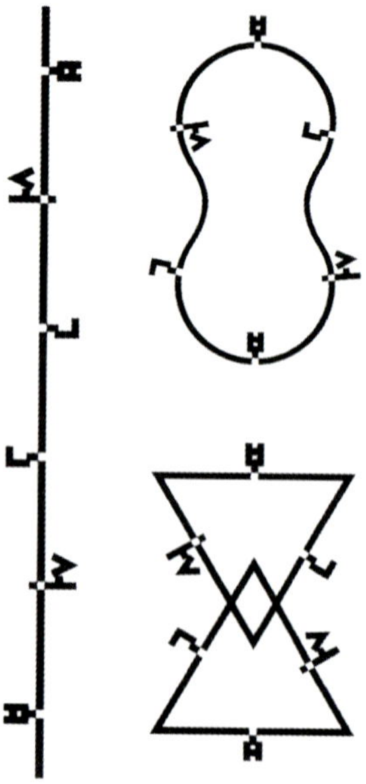

图3–62

图3–63

图3–64

图3–65

图3-61 2001 Wine/Ken Miki & Associates
通过放大数字“2001”中的一个“0”，将四个数字联结成了整体，纵向的对称排列，体现出优雅感
图3-62 文化实验杂志《报告书报告书》封面的杂志标志系列/安尚秀
用线来连接文字是文字组合的一种方法，需注意线的形态变化。在该作品中，设计师将“报告书报告书”的韩文用不同的线型（直线、两圆形相加的线型、两三角形相重叠的线型）连接起来，形成了形式意味特殊的整体
图3-63 “ABC Antiquariat，Zurich”购物袋设计（双面）/萝丝唛丽·惕思/2004年
完全由不同的字体组合而成，展现了纯文字编排的形式魅力
图3-64 《魏玛国立包豪斯1919—1923年》的标题页/莫霍伊·纳吉/1923年于魏玛
这是包豪斯有代表性的文字版面设计作品。整个版面由水平和垂直两个方向的文字编排而成，放大的字母“B”起连接作用
图3-65 《矮子的故事》书籍内页/Reza Abedini
将文字组合在一起，形成了如抽象画般的美感
图3-66 文字拼贴/沃尔夫冈·霍因加特/1973—1974年
将各种文字段落剪切下来重新排列成一个整体，文字的疏密浓淡形成了丰富的色调层次
图3-67 日本能剧表演海报/田中一光/1960年于东京
不同的色彩使文字的笔画更突出，整体文字像是许多文字笔画的组合
图3-68 《最后的物体》封面设计/汤姆·布朗
用骨头来组成文字，用最直接甚至是赤裸的方式表述了“最后的物体”的主题
图3-69 “KA”的音节组合/R.K.乔希
像印度教、密教的教义图解一样，以五种印度文字（天城文字、孟加拉文字、古吉拉特文字、卡纳达文字、马拉蒂文字）表现的辅音“KA”的音节组合。用这些文字组成了类似藻井的适合纹样，充满宗教色彩

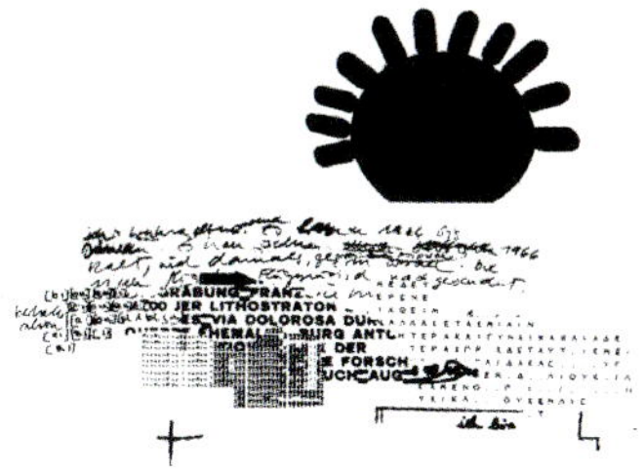

图3-66

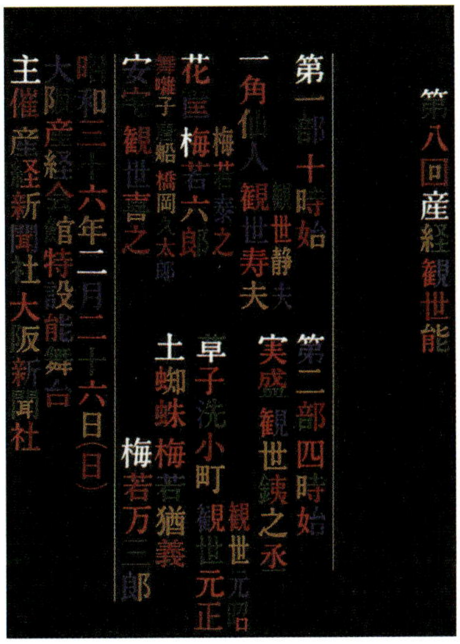

图3-67

图3-68

图3-69

本章思考与练习

◎ 第一节

1.用“文字组合形态”的方法设计“金元宝”的形态。

2.给一张图片配上文字，要求仔细研究观察图片的内容与形式，找到文字与图片的最佳结合点。

◎ 第二节

1.用文字设计的方式表达几个概念

a.爱　b.跨文化　c.研究　d.福

2.设计一个文字概念的包装（比如从文字的结构中提炼出包装的结构）。

◎ 第三节

1.不考虑汉字的含义，在纸面空间中做汉字编排实验。

2.将文字赋予某种物理特性，使文字与现实事物结合（比如当文字具有了纸的特性时，它就能折叠、裁剪了）。

◎ 第四节

用信息性文字设计的法则，给自己的日常学习和工作计划设计一张表格。要求：易于查找，形式有趣。

◎ 第五节

1.在平面上设计 “空间”二字,要求表现出空间的感觉。

2.在现实空间中设计 “空间”二字,要求营造现实的空间。

◎ 第六节

1.仔细观察一种物体的运动（如落叶、螺旋桨、火、烟、水滴等），用编排文字的方式来模拟这一运动。

2.将题1的运动文字用动画的方式完全呈现出来。

◎ 第七节

1.观察一种事物的结构（如脚手架、水分子结构等），然后模拟这种结构进行文字组合设计。

2.用三种方式将“组合”两个文字组合在一起（如共用笔画、用其他图形连接、使两个文字拥有共同的组成要素等）。

第4章 汉字的形成与发展

第4章 汉字的形成与发展

第一节 汉字的产生

文字的产生和发展是人类步入文明社会的重要标志。我国文字具有悠久的历史，在古代的文献中就有“结绳而治”、“刻木为契”、“仓颉作书”等记载。汉字作为中华文明的重要标志之一，它和埃及圣书字，古代苏美尔文字，原始埃兰文字等，都是世界上最古老的字，都是经过从图画文字到表意文字的阶段。但不同的是，当那些古老文字从演变中停止使用而逐渐丧失生命力时，只有汉字没有停止使用并不断发展，成为世界上唯一有着日渐严密体系的表意文字。

汉字至今大约有三千四百年历史，现存最早的甲骨文产生在殷商时代。有关文字起源的传说有两类。一类是前文字时期的传说，一类是创造文字本身的传说。从这两类传说中我们可以窥见汉字产生的因由、背景及原始汉字向成熟的文字体系过渡时的一些历史状况。

◎ 一、结绳记事

文字始于结绳之说，最早见于《易经 · 系辞下》：“上古结绳而治，后世圣人易之以书契。百官以治，万民以察，盖取诸夬?”在文字没有产生之前的原始民族，采用结绳的方法帮助记事，还是很有可能的。至今仍有后进的民族使用这种方法记事，大事打大结，小事打小结，又有横绳表物，竖绳计数之说。这种结绳记事的方法，是表示数字或方位的一些概念，是一种表意的形式，这说明文字的产生是经过一定的演变过程的。其实汉字字形本来就取材于自然界，所以可以把它看作是汉字产生前的一个孕育阶段，但不能把结绳记事等同于汉字的产生。因为结绳只是帮助人们记忆某种事情，它不能交流思想，不是记录语言的工具，所以结绳不是文字（图4-1）。

◎ 二、仓颉造字

仓颉造字说在有关创造汉字的传说中是比较有价值的。《吕氏春秋 · 君守》曰：“奚仲作车，仓颉作书，后稷作稼，皋陶作刑，昆吾作陶，夏鲧作城，此六人者，所作当矣。”到了秦汉时代，仓颉造字说流传更广，影响更深。

相传，轩辕黄帝统一了华夏，感到结绳记事不够用，就派史官仓颉去造字。仓颉在洧水河南岸的一个高台上制屋住下，专心造字，看到猎人观鸟兽脚蹄印能分辨鸟兽而大受启发，仓颉便观察日、月、山、河、飞禽走兽，而后取其特征，画出图像，造出许多象形字，仓颉造字说的可取之处，主要是它说出了汉字起源的一些道理，许多是很有参考价值的。

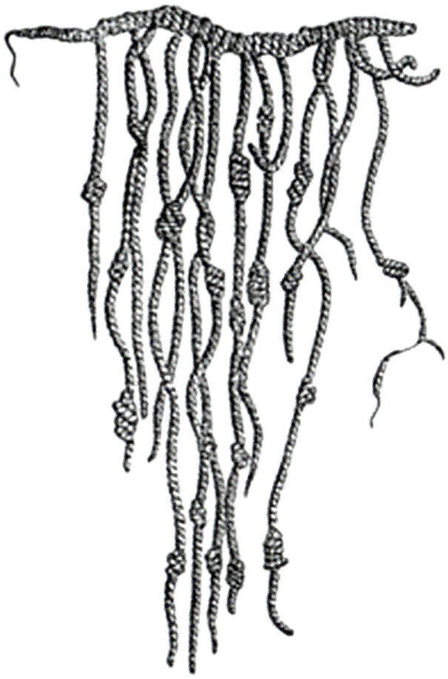

图4-1 结绳记事

◎ 三、陶器符号

在不同的地点、时代，不同式样的出土陶器上，刻有不同的符号，看上去好似文字，又好似几何图形。这些陶器上的符号可分为两类：第一类是形体比较简单的几何符号，第二类是像具体事物之形的符号。

在第一类中属于仰韶文化的陶器居多，半坡遗址出土的陶器最具有代表性。仰韶文化的刻绘符号大多数以直线为主，比较简单，刻画部位也基本上局限在陶器中沿，反映早期符号的幼稚。已发现的半坡类型符号，大部分都刻在同类陶器上的同一部位上，规律性很强，这似乎表明这种符号已经比较固定地用来表示某种意义了。如果说半坡符号是汉字的雏形，那么经过三千多年的发展，甲骨文的成字程度理应大大提高。所以这些半坡符号除了少量的记数符号被汉字吸收外，还算不上文字（图4-2）。

在第二类象形符号中，以大汶口文化出土的陶器最为明显，在莒县陵阳河遗址发现的属于大汶口文化晚期的象形符号与同期诸城前寨遗址发现的象形符号相同。对于这种象形符号，专家们有两种解释：一是古文字；二是属于用图画记事的某种表示，有很强的象形性，呈现了文字的

图4-2 半坡陶器刻画符号摹本

图4-3 刻于陶尊颈部的陶器符号

图4-4 陶器符号以垂直和纵向构架的骨架

雏形。在江西清江县吴城发现的陶器符号是四五个字至十来个字在一起的，由此可见商代后期的符号已经能够记录语言，而且在某些方面已相当成熟。但与甲骨文相比在写法上还是显得保守，图画的意味太浓了一些。

通过考古的长期研究发现，刻绘符号的延续性很长，在它的发展中，一部分进步的符号由于人们在生产、生活、交流中经常使用的原因，逐渐演变为记录语言的文字，为汉字系统的形成和发展起到了决定性作用。汉字经过前文字时期的准备到可以书写、可以传递的图画和符号，汉字的基本形象特征已经具备了。汉字来源于对自然界的模仿，有着与生俱来的形象特质。史前刻绘符号是我国装饰文字的原始萌芽，对装饰文字的产生、汉字的发展有着重要的启蒙作用。作为文字起源的一个历史阶段，史前刻绘符号在汉字发展史上有着一定的地位，尽管后来的文字装饰美化在几千年的发展中，美化形式和附着载体千变万化，但汉字从萌芽产生到发展已深深地打上了象形及美化的烙印（图4-3、图4-4）。

第二节　书法的演变

汉字产生了，汉字书法艺术也就产生了。目前所能见到的最古老的文字甲骨文，从甲骨卜辞来看，当时的人已非常注意刻字的美观，把文字作为艺术品的习尚早在甲骨文时代就已经存在了。至隋唐以后，汉字字体发展已经终结，书法艺术却继续发展到空前的繁荣期，主要朝着书体多样化的方向发展，力求在同一种字体上通过点画和结体变化，创造出不同的风格面貌，形成各种各样的书体。汉以前，书法叫作“书”，它的意思既表示书写动作，又表示所书的作品。东汉以后，书法被认为是一种高深的才能和道艺，历代研习书法者众多，成果累累，对汉字的结体、笔画及空间的构造进行了大胆的探索，对汉字字体的成熟起到了极大的推进作用。

◎ 一、甲骨文

甲骨文是我们见到的最早、最成体系的汉字书体。

文字是语言的记录符号，是人们在社会生活中为了把自己的思想感情和知识经验传至后世而创造的。最初的文字是对客观事物形象的描绘，这个观点真实地反映了汉字的最初形态，人们把这种"随体诘诎，画成其物"的文字称为象形文字。甲骨文不仅是象形文字，而且有许多会意字，同时开始向着指事、形声、转注、假借的完整汉字体系过渡，所以甲骨文的发现，使古文字学进入了一个新的时期（图4-5、图4-6）。

甲骨文书法与后来的字体书风相比有两个特征：第一是结体繁复，字形带有较重的象形意味，书写同一字时，异体字很多，造型变化很大；第二是线条单纯，没有装饰，真情实感完全通过一根大致相等的线条的律动来加以体现，极其朴素自然。甲骨文的发现，不仅在我国，而且在世界文字史上都有着重大的意义。甲骨文作为一种记录汉语的书写符号，对扩大汉语的交际范围和交流作用，对人类文明与进步都曾做出过极其卓越的贡献。甲骨文书法的形成，为灿烂的中国书法揭开了崭新的一页，并为汉字系统的形成、发展奠定了坚实的基础。

图4-5 甲骨文

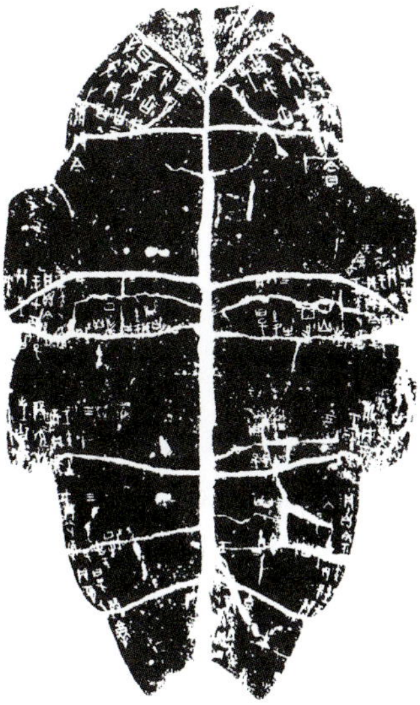
图4-6 龟腹甲骨文

◎ 二、钟鼎文

钟鼎文，是指商周时期所铸造的钟、鼎、彝器上的文字。我国的钟、鼎种类虽多，但一般可以分为礼器和乐器两个大类，其中礼器以鼎为主，乐器以钟居多，由于这个缘故，"钟鼎文"的范畴也就自然包括一切铜器铭文了。因为周以前把铜也叫金，后世的学者们通常把这些文字称为"钟鼎文"或"金文"，在书法上属篆书系统。钟鼎文，是继甲骨文之后汉字比较系统的第二种字体，也是书法演变的第二个阶段。

在书写上，钟鼎文是在模具上刻好铸成的，模具质地松软，笔道粗细直弯可以随意掌握，添以很多圆笔，体现了圆润自然美，在布白上有疏有密，比甲骨文更耐人寻味。从商周及春秋时期留下的钟鼎文看，文字的笔画都比较圆润均匀，起笔、收笔、转折都用圆笔，结体也紧密平正，给人以疏朗开阔的感觉。金文书法对以后的篆书、隶书、楷书、行书、草书的形成和发展都产生了巨大的影响。最著名的钟鼎文有：《大盂鼎》、《毛公鼎》、《墙盘》、《散氏盘》、《颂鼎》、《克钟》、《大克鼎》等，这些都有较高的文字学和书法艺术价值。金文书法也发展到了更趋风格多样的纷呈之美（图4-7至图4-10）。

◎ 三、籀文

籀文又称大篆，出自《史籀篇》。其文字书体是当时流行

图4-7 大盂鼎铭文

图4-8 毛公鼎铭文

图4-9 散氏盘铭文

图4-10 商大祖诸祖戈

图4-11 石鼓文

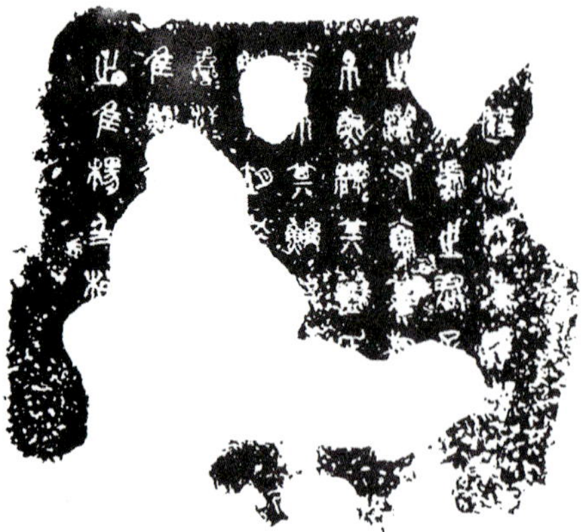

图4-12 石鼓文

的标准字体，因此被后人称为大篆书体。但《史籀篇》早已佚亡，幸亏许慎在《说文解字》中收有籀文220余字，作为异体附在正文之后，使我们至今可以看到籀文的大概面貌。

从书法角度来看，籀文的构造与商代和西周的文字相合，作为一种独特的书体，在书法史上占有很重要的一页。秦代李斯创小篆书体就是在此基础上加以省改，删繁就简而蜕化出来的。史籀大篆字体的特点：字的线条已达到完全成熟的程度，均匀而婉约，字体结构整齐，多取方势，为方块汉字字形打下了基础，只是笔画较繁，书写起来不够方便。

◎ 四、石鼓文

唐代初年在天兴县(今陕西省凤翔县)发现了10个石碣，样子像高脚馒头，又有些像鼓，遂名“石鼓”。每个石鼓上都刻着一首六七十字的四言诗，其内容主要是歌颂田园之美和游猎之盛。据专家考证，这些石鼓是春秋末年到战国初年的东西，其诗是歌颂秦王的。石鼓文是现存最早的石刻文字。

石鼓文，有很多学者称为“籀文大篆”，从书法上看，石鼓文可以称为小篆的祖先，在书法史上有着承前启后的重要地位。石鼓文的书法，是典型的秦国书风，结体方正匀整，舒展大方，线条饱满圆润，笔意浓厚绵长。由于石鼓文是刻石文字，加上时代又比甲骨文、金文为近，所以在书法的结字布局上，渐渐从原始质朴自然，转向应规入矩、纵横有序的风格上来。许多书法家和书法理论家，如欧阳询、虞世南、张怀瓘、康有为等，都十分推崇石鼓文的书法（图4-11、图4-12）。

图4-13 大篆

◎ 五、秦书八体

秦书八体，指的是秦代所流行的八种字体。许慎《说文解字·叙》云："自尔秦书有八体，一曰大篆，二曰小篆，三曰刻符，四曰虫书，五曰摹印，六曰署书，七曰殳书，八曰隶书。"

秦统一六国后，保留着秦以前的某些金文和籀文大篆的书体（图4-13）。石鼓文、诅楚文都是大篆书体，石鼓文更是历来被人们称为大篆的楷模。在文字的书写风格上，《秦公簋铭》、《秦公钟》、石鼓文、诅楚文与周宣王时代的籀书和《虢季子白盘》、《史颂壶》等金文一脉相承，只是结体更加方整，气势更加恢弘而已。秦始皇统一六国后，着手实行思想文化的统一政策，小篆为秦统一文字树立了标准正统的字体。

汉字发展到了小篆，已经实现了线条化、符号化和规律化。所谓的线条化，就是把甲骨文、金文、史籀里的圆点、团块、尖笔和粗细不同的笔道统一成粗细一样的线条。这种变化在籀文里已经改革了，但到小篆里可以说是完成了。符号化，就是把结构复杂的图简化为简单的符号。规律化，就是确定某个字的偏旁组成，确定基本写

图4-14 虎符

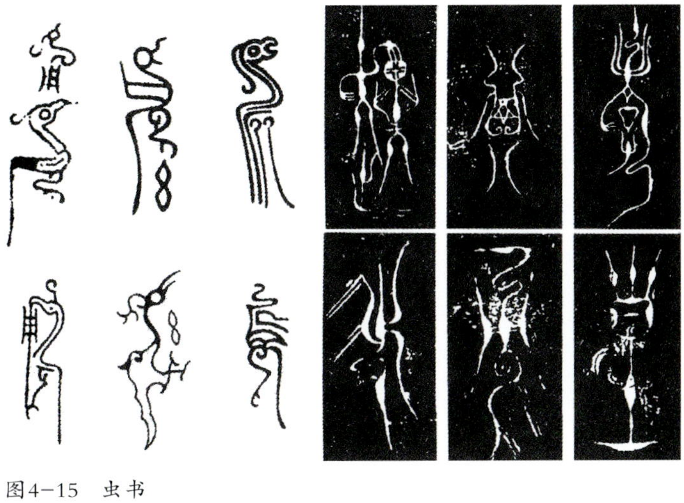

图4-15 虫书

法。小篆是古文字和近代文字沟通的桥梁。

符是古代派遣使者或调兵时用作凭证的东西，一般用竹、木、石、铜、金等制成。符分为两半，两半合体为一整符。用时一半交给外任的官员或出征的将士，另一半保留朝廷。朝廷有事，可派使者持一半符去，与外任官员的另一半勘对相合，以验真伪。刻符文字与一般书写文字不同，因刻在不同的材质上，代表着某种权力和象征。刻符文字虽也属于篆书，但不像小篆那么规范，文字结构略作修正，工整、严肃（图4-14）。

春秋战国和秦汉时代，一些青铜器上的铭文，往往在篆书的基础上回环盘曲，添加羡画，在这种铭文里面，制作的、工艺的审美原则代替了表现的、即兴的书写，从本质上说，属于金文的美术字。它们有的以鸟装饰，有的以虫装饰，有的以鱼装饰，秦始皇时代把这种文字叫作“虫书”。新莽时代起，人们又把它叫作鸟虫书。此外，虫书书体常用于书写幡，就是写在旗帜上起装饰作用的。文字书写得像虫，像鸟，因鸟能飞翔，借以象征旗帜在飞扬，取吉祥之意。虫书只是篆书的一种装饰书体，鸟虫的美化特征，寄托着人们对美的追求及对事物的美好愿望（图4-15）。

摹印，也叫缪篆，是书写在印玺上的一种篆书。摹，是规范之意；印是印章、印玺，规范印玺上的文字叫做摹印。摹印字体是在篆的基础上进行布局的，笔画联结曲绕，以防奸伪，以佐信用（图4-16）。

署书也叫榜书，是题写门匾按碑石布置来书写的大字。后世亭台楼阁，上有匾额，皆有题字，都属于这一类署书。

殳书是刻在干戈上的文字。殳，是一种兵器的名称，这里不单指一种兵器，凡是刻在兵器上的文字，都称为“殳书”。用以纹饰兵器的“殳书”有很强的装饰效果，汉代避邪用的佩物，上面的文字也属殳书一类（图4-17）。

秦始皇扫六合、履至尊之后，采取了同文政策，秦公文统一用篆书。篆书圆曲繁复，很不易于书写，因此，篆书草写盛行。下官

图4-17 殳书

图4-16 秦玺

程邈为便于文字的书写，对篆草字体进行潜心研究，将篆书变形快写，创造了一种便于书写的字体，因这种字体在小吏中很是时兴，所以称为隶书。秦代的隶书称为“古隶”，而汉代的隶书是在此基础上发展起来的，称为“今隶”。

综上所述，秦书八体各有所用，书体的风格也可以分为二类，一是主流的书写字体，如篆书、隶书。篆书作为官方正统书体，用以书写典籍；隶书则用于小吏和百姓之间的一些公文。二是装饰书体，刻符、虫书、殳书最为典型，此类文字流行于公式化的物勒工名和吉祥语，有着很强的装饰特征，逐渐淡化或丧失了记录社会和生活的作用。

◎ 六、汉代隶书

隶书，历史上也称为“左书”、“史书”、“八分”等。因这种书体在一些小吏中流行，用以处理文书，故称“隶书”或“徒隶”，但又因隶书书写简便快捷，可以辅助篆书，又叫“左书”，同时又被公府专管编写史书的官吏或称史所用，因而又把隶书称为“史书”，这是指秦代的隶书。

隶书经过整理，应用更加广泛，到了西汉初期，逐步取代篆文。隶书在广泛使用中，笔势也不断变化。西汉中期以前使用的隶书称秦隶，字形方正，杂有竖长形，篆意尚存。西汉中期以后使用的隶书称汉隶，字形横宽竖短，波势突出。东汉中期出现的新体称为八分，形体方正，笔画匀称，波挑工整。隶书虽始于秦代，但盛行于两汉，是汉代官方的正统书体。汉代也是我国书法艺术发展光辉灿烂的时期，成就最高的汉隶，上承前代隶书之规则，下启魏晋南北朝及隋唐书法之风范。

根据帛书材料研究，发现隶书的萌芽可以追溯到马王堆帛书中写于秦汉之交的《五十二病方》，其书法横画平正舒展，排列整齐，略有波磔，竖画也常向左右两边挑出，字形化圆为方，转折处多断开重新起笔。在书法上，主要表现了汉隶简书的洗尽篆意、全出新颜的艺术特色。用笔舒展而富弹性，起落精到，波挑丰腴；用墨枯润相间，自成节律。从《石鼓文》到《泰山刻石》、《琅琊台刻石》、《峄山刻石》和《会稽刻石》，可以看出秦始皇时期留给后人的篆书作品不是铜器铭文，而是碑碣刻石。在汉代，工整的铜器铭文极少，石刻也屈指可数，多数刻石线条回环同曲，篆书意味较浓，直至天凤二年的石刻，字形趋简，横直相交，基本消除了篆书痕迹，字体上已有点画的波尾，与西汉初年的无点画波尾显然不同。到了东汉中期，石刻渐多，如和帝永元年间的刻石，点画波尾更为明显，已经将篆书的形态完全蜕尽，变为纯粹

图4-18 曹全碑

图4-19 衡方碑

图4-20 石门颂

图4-21 史晨碑

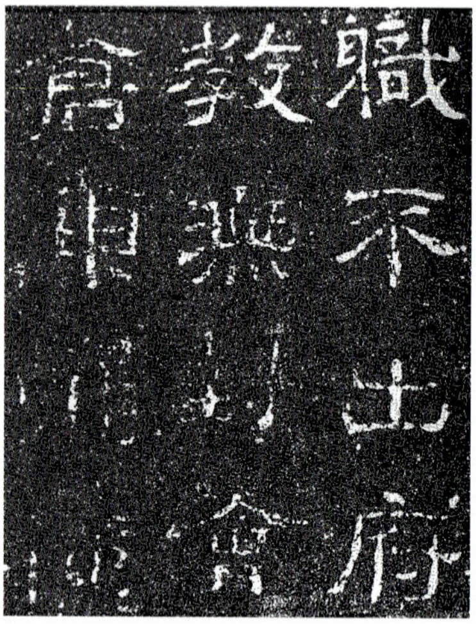

图4-22 西狭碑

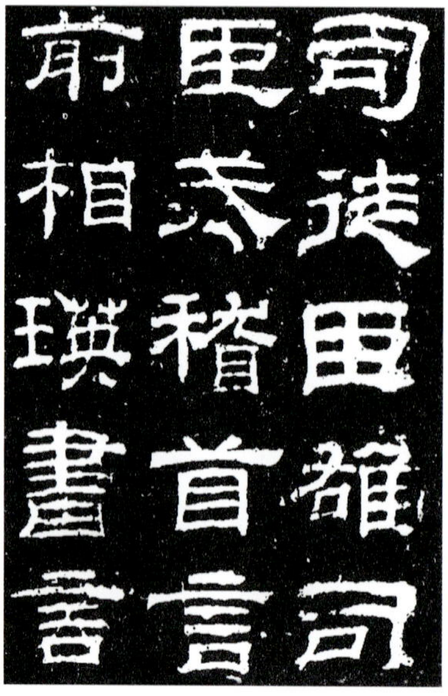

图4-23 乙瑛碑

的汉隶了。到了桓帝、灵帝时，隶书日趋精巧，达到了汉隶字体的极盛时期，这个时期为后世留下了不少汉隶优秀刻石。

我国两汉隶书的辉煌成就集中体现在碑碣刻石上，尤以东汉诸碑为其集大成，“汉碑”的辉煌，指的就是东汉隶书诸碑。如《乙瑛碑》、《张景碑》、《衡方碑》、《史晨碑》、《西狭碑》、《曹全碑》等等，都是垂范千古的杰作（图4-18至图4-23）。

◎ 七、楷书

楷书又称正书，或称真书，因正和楷都有标准的含义，所以有人干脆把它叫做正楷。楷书的点画和结体形式是从隶书草体中逐渐产生的，它保存了隶书的结构，去掉了隶书的波挑，字体端庄。

魏晋南北朝是楷书的发展期，当时的楷书粗具规模，涌现许多名家，留下无数杰作。这一时期的楷书作品分为五种类型：抄经、墓志、碑阙、摩崖和造像记。成熟的楷书抄经如《金刚般若波罗蜜》、《佛经佛名经卷》等。墓志作品有《成晃碑》、《王丹虎墓志》、《刘怀墓志》、《刘岱墓志》、《张玄墓志》等。碑阙作品有《枳阳神道阙》、《爨宝子碑》、《爨龙颜碑》、《广武将军碑》等。摩崖是刊刻在山崖石壁上的书法作品。造像记中闻名于世的是《龙门十二品》，其中《郑长猷造像记》结体章法不拘常规，朴拙天真；《解伯达造像记》笔力方峻，气势雄强；《始平公造像记》以罕见的阳文镌刻，气象博大，极意峻宕。《龙门

图4-24 爨宝子碑

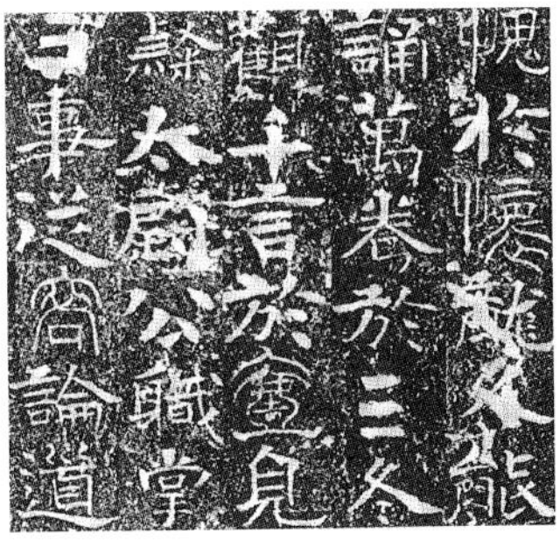
图4-25 曹植碑

图4-26 高归彦造像记

图4-27 刘怀墓志

图4-28 王献之洛神赋十三行

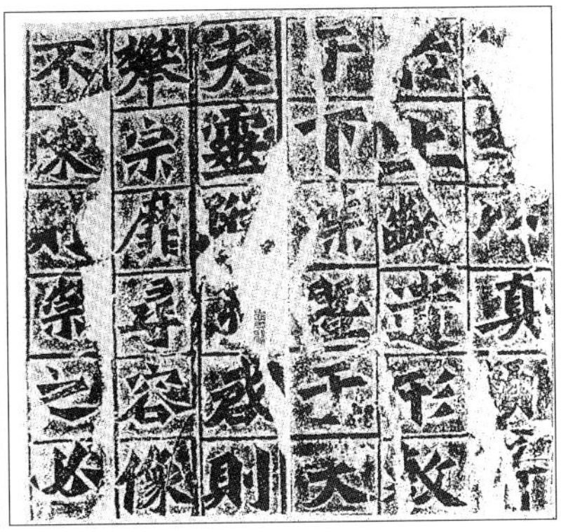
图4-29 始平公造像记

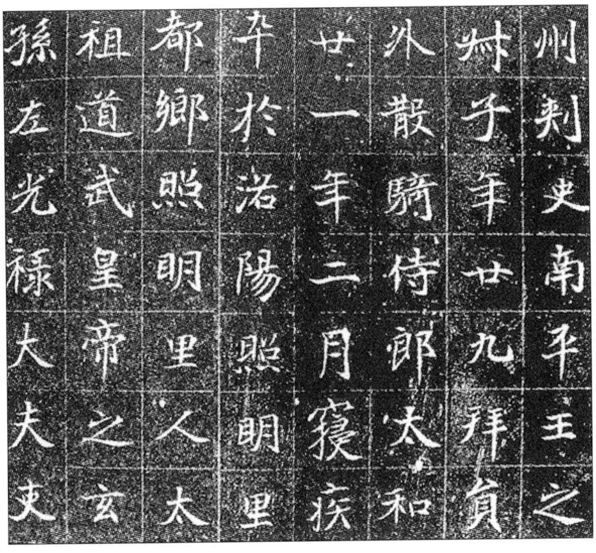
图4-30 元倪墓志

十二品》是北魏时期最有代表性的楷书作品，世称魏碑。在南北朝时期，钟繇、王羲之的书法对这个时期产生了巨大的冲击和推动。南朝齐梁时代的碑刻、墓志的楷书就受钟、王的影响很大，书体已向钟、王靠拢，如《高归彦造像记》等（图4-24至图4-34）。

楷书的发展至唐代已达到鼎盛，唐代著名书法家欧阳询对楷书的结体和笔法进行了较大的改造，使楷书点画，笔笔皆有法度，书写达至成熟。楷书艺术在唐代得到极大发展，因而唐代出现了许多对后世影响极大的书法家。欧阳询、虞世南、褚遂良被称为“初唐书坛巨头”，三人皆以楷书作为自己的看家本领，欧阳询的《九成宫》更是楷书登峰造极的佳作（图4-35）。“三巨头”以外，初唐书法家中还有一个薛稷，也十分引人注目，欧、虞、褚加上薛稷，人称“初唐四家”。颜真卿是盛中唐时期著名书法家，在书法上颜真卿从褚遂良、张旭那里接过笔法，然后加以改造，独创筋肉丰满、骨格雄秀的“颜体”。在颜真卿以后的中唐书坛上，柳公权是异军突起的一位。“颜筋柳骨”是对颜真卿、柳公权二人书法的肯定，二人在书坛上建立的丰碑，深深地影响着后人。

图4-31 张猛龙碑

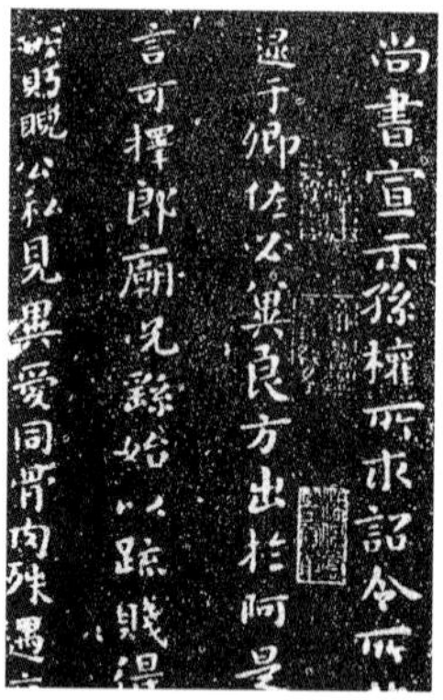

图4-32 宣示表

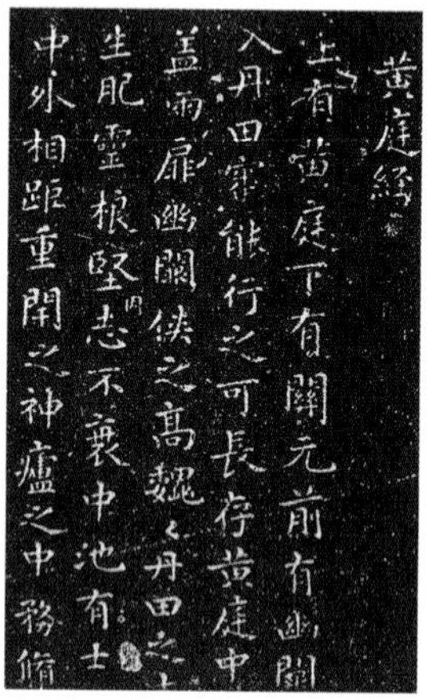

图4-33 黄庭经

图4-34 乐毅论

楷书比隶书好写，比草书好认，所以从魏晋以后就取代了隶书，成为通用字体，直至现在，楷书一直保持着正统的地位。楷书发展到了宋代，由于印刷术的出现，在楷书的基础上又逐渐形成了一种专供印刷用的大小一致、粗细均匀的字体，后来称为宋体。

◎ 八、行书

行书是介于草书与楷书之间或是介于草书和隶书之间的一种书体。人们在书写不很重要的东西时，为便于在保持正体字的形体基础上写得自由一些、草率一些，就使用了行书。行书比楷书好写，比草书好认，具有较大实用价值和较高艺术价值。行书的特点是在保持楷书形体的前提下，适当运用连笔、省减笔画。在书写时楷书成分多、草书成分少称作行楷。楷书成分少、草书成分多称为行草。行书很难有严格的规范。

在传世的行书精品中，王羲之的《兰亭序》历来被书家称为“天下第一行书”。颜真卿的《祭侄稿》苍劲挺拔，被书家称为“天下第二行书”。宋代蔡襄、苏东坡、黄庭坚、米芾各自以自己特有的书法气势和神韵，把行书创作推到另一高峰，被合称为“宋四家”。清代乾隆皇帝酷爱书法，将王羲之的《快雪时晴帖》和王献之的《中秋帖》及王徇的《伯远帖》珍藏在一起，称为“三希堂”。独具体态、灵活多变、书写便捷的行书，以旺盛的生命力，上下一千多年来一直流传（图4-36至图4-42）。

图4-35 欧阳询九成宫

图4-36 姨母帖

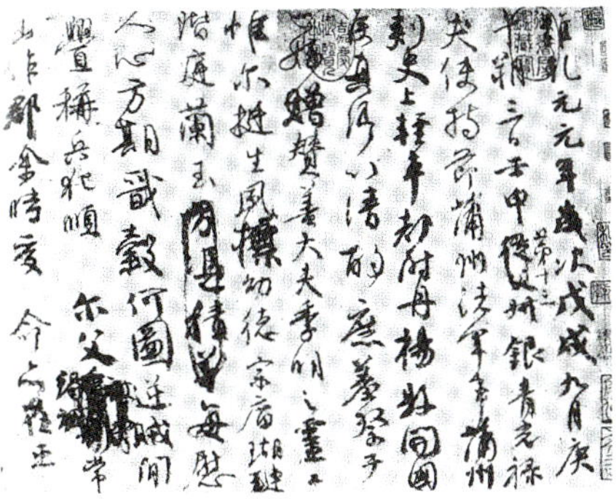

图4-37 祭侄稿

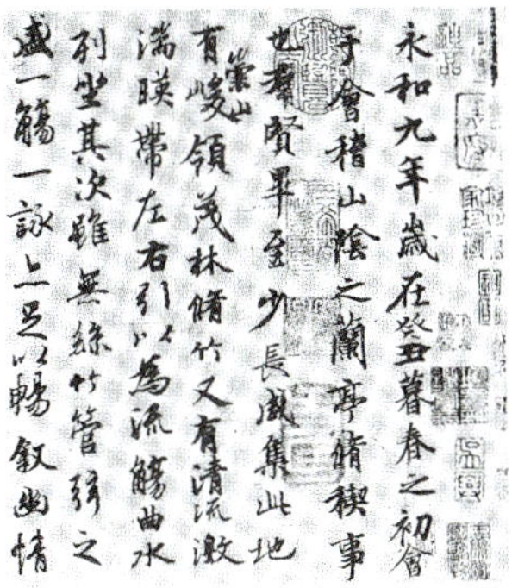

图4-38 兰亭序

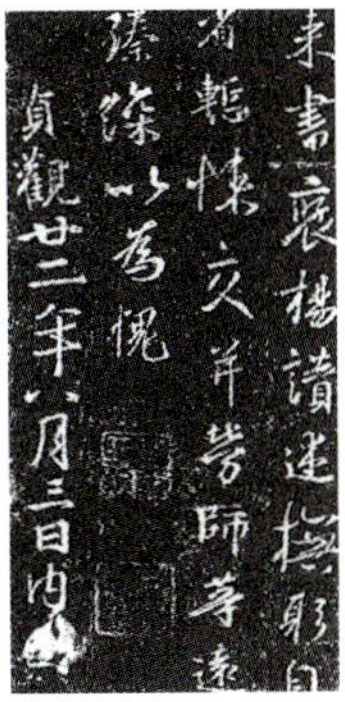

图4-39 圣教序

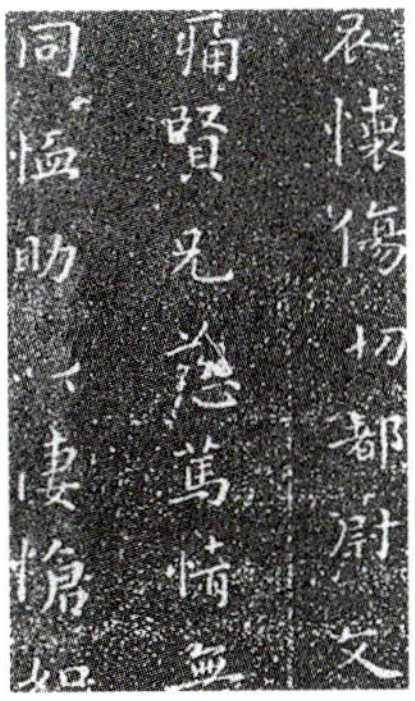

图4-40 丙舍帖

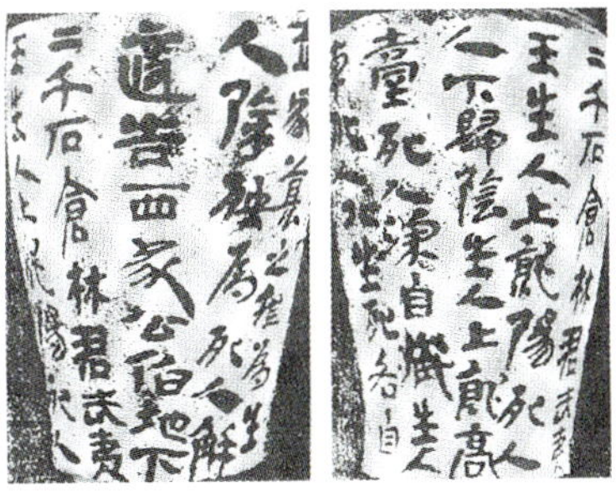

图4-41 熹平元年瓶

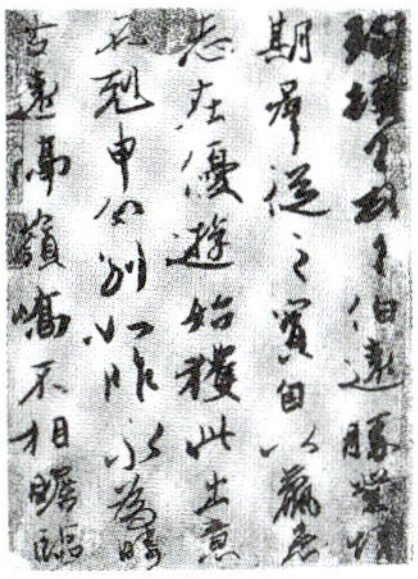

图4-42 伯远帖

◎ 九、草书

草书是汉字简化的一种字体，草书的“草”字是草率、潦草之意。

隶书的便于书写，只是相对篆书而言的。就隶书的本身而言，字形工整，波势挑法严格，书写的速度有限，于是产生了隶书的草书，直至产生草书。汉元帝时的史游，用草书体写了《急就篇》，这是一本字书，因它有三十一个章节，所以后人称为“章草”。东汉后期到魏晋时期，草书蜕去了隶书的笔画痕迹，大量使用连笔，偏旁多混用假借，字体韵秀婉转，体势格调变化丰富，这种书体被称为今草，今草书写起来比章草更加方便简捷。到了唐代，草书进一步发展成为奔放不羁、气象万千的狂草。狂草书体龙飞凤舞，普通人很难辨认。

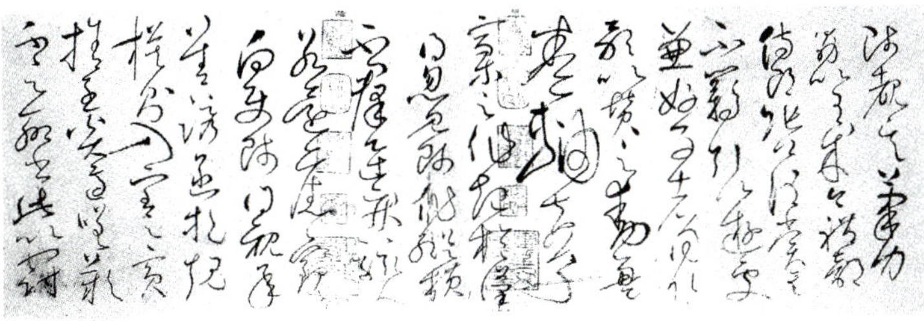

图4-43 自叙帖

传世的章草碑帖有皇象的《急就章》，索靖的《出师颂》、《月仪帖》等。今草的著名碑帖有王羲之的《十七帖》，智永的《真草千字文》，孙过庭的《书谱》等。狂草有张旭的《古诗四帖》，怀素的《自叙帖》等（图4–43至图4–47）。

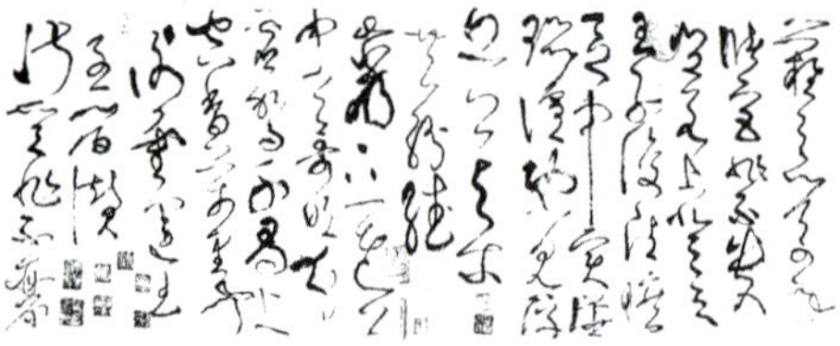

图4–44 古诗四帖

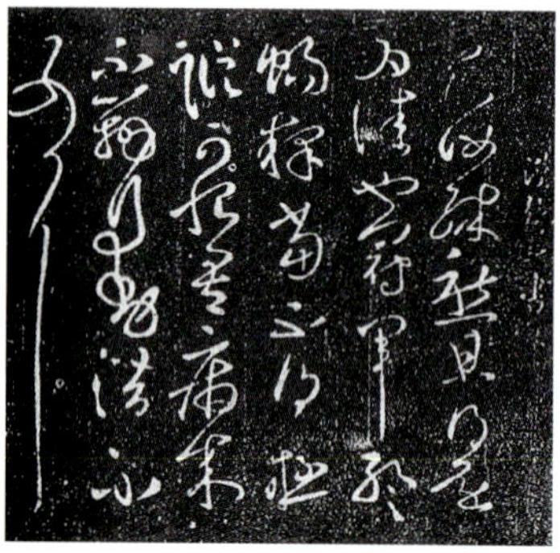

图4–45 张芝草书

图4–46 误死马驹册

图4–47 “明”字的书法演变

汉字自传说的结绳记事、仓颉造字到陶器符号、甲骨文，再到汉字的行书、草书产生，汉字的历代沿革形成了汉字博大的体系风格。汉字形体的历史演变为现代的汉字创意设计提供了一定的方法和依据，同时极大地丰富了汉字设计的创作空间。在五千年文化漫长发展的过程中，汉字起着非常重要的作用，历代经史、论集、诗歌词赋的形成和传播，无一不是汉字文化的功劳，而最终的传承无一不是通过书写而做到的。

第三节　汉字与传统美术

◎ 一、吉祥文字

中国吉祥装饰的创作主题异常丰富，在这些丰富主题的背后隐含着世世代代为协调个人与自然、个体与社会间关系所采取的独特文化思维方式。民间艺术在其不断发展中，原始的内涵已经淡化，转化为一种装饰手段，一种吉祥符号。从商周社会到明清，民间艺术的表现概括为“图必有意，意必吉祥”。在文字出现以后，这种吉祥观念也转移到了文字的装饰上，在历代的文字中都有依附吉祥观念的吉祥文字，吉上加吉，喜上加喜是吉祥文字的特点，从刻符文字、印玺文字、瓦当文字、砖雕文字、建筑文字到刺绣及剪纸无不充满着对吉祥的祈求。吉祥文字表现为一种较典型的载体，所有的吉祥寓意都能通过汉字图形进行表现。

图4–48 福字

在一些民俗活动和艺术创作中，常运用谐音、喻意、求吉、象征等手法表达民众的审美理想。在金文和小篆中有“福”与“富”字，二字均含有

"田"字，民以食为天，田多食丰，才有福而富。在组构这种字形时，常常是有一个表义或表形的核心事物在字形中出现，它一方面表现人们对事物的认识，从客观事物事理出发，因而字形具体、形象，与事物联系紧密，另一方面也可看出字形构造与民俗心理紧密结合（图4—48）。

图4-51 喜气满堂

吉祥文字较多体现在民间剪纸、木刻版画、皮影、建筑砖木石雕中,与汉字结合的吉祥主题包括祥禽瑞兽、花卉果木、人物神祇以及传说故事等。汉字与符号结合形成的特定吉祥汉字图形有福字、禄字、寿字、招财进宝、喜气满堂等。汉字图形的样式较多，构造原理丰富，吉祥的寓意内涵被广泛地运用到生产、生活的各个方面，优良的传承性承载着生活化的特征（图4—49至图4—52）。

图4-49 伏羲女娲图

图4-50 莲生贵子

图4-52 民间剪纸

◎ 二、装饰文字

装饰文字广泛地应用于对联、年画、窗花、装饰品中，表现了人们对生活的态度，对感情的寄托，对未来的向往。如：石榴表现多子多福，大鲤鱼寄托了人们对幸福生活的向往(年年有余)，一对风筝表现了对自由、爱情的向往等（图4—53）。

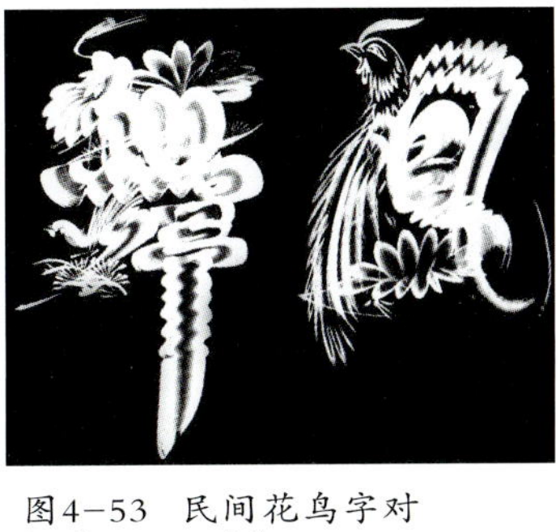
图4-53 民间花鸟字对屏《龙飞凤舞》

在色彩上，装饰文字也随人们的生活环境而定：宫廷里的大富大贵常以紫、黄色来表现；南方环境多绿色，其艺术作品以红色居多；而北方多黄土地和沙土，则以大红大紫来满足人们对自然色彩的心理需求。

福、禄、寿、喜文字图形装饰在民间运用十分广泛，成为民众喜闻乐见的传统装饰题材，运用的也是谐音、喻意、求吉、象征的手法。造字以来，因“福”字传达着美好的寓意，在民间盖房上梁、节日庆典以及红白喜事时都要张贴。“福”字图案样式繁多，有年画、剪纸、对联、中堂、条幅等不同形式，在民间十分常见。传统题材中以“福”字图案为创作主题的内容还有“五福临门”、“万福流云”、“万福来朝”、“洪福齐天”等（图4–54）。

图4–54 福

“禄”在民间喻意发财，常与福、寿、喜等字并用，禄字也可释为“福”，人们向往财富，向往幸福使禄题材的造型装饰艺术丰富博大，常见的内容有禄神、魁星、鹿、爵、绶带、绶带鸟等。禄的引申之意，则有百禄、三元及弟、连中三元、一路连科等（图4–55）。

图4–55 禄

寿一直是人类追求生存愿望的象征，《尚书 · 洪范》说的五福中，“寿”、“康宁”、“考终命”皆指长寿，寿字的本义为年长，后引申为“长久”，“久远”之意，《诗经》中“如南山之寿，不骞不崩”，可见寿字寓意事物之长久。表达寿的汉字图形有：百寿、松鹤长春、寿星童子、龟鹤遐寿、耄耋富贵、杞菊延年、延年益寿等。民间年画、剪纸、对联、中堂等常用松柏、仙鹤、仙桃、灵芝等和寿字装饰。寿字外轮廓圆形的谓之“圆寿”，长方形的谓之“长寿”（图4–56至图4–58）。

图4–56 寿

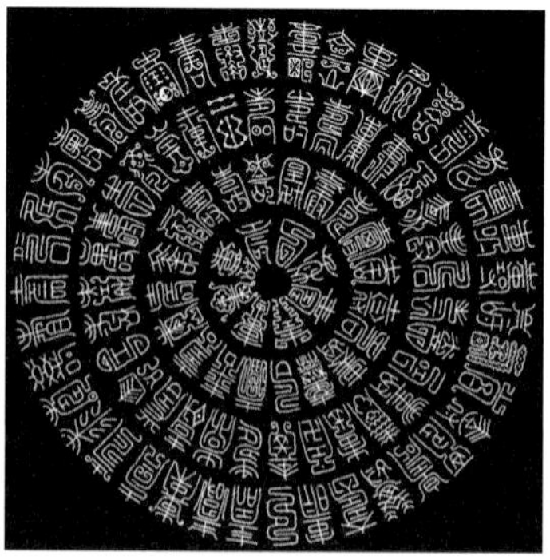
图4–57 百寿图

图4–58 民间流行的各种装饰寿字

“喜”是喜庆欢乐、幸福的象征。流传于民间的装饰图形之丰富难以累计，其造型的变

图4-59 喜

图4-60 福

化更是花样百出。喜的内容是多方面的，婚姻是喜，生子是喜，怀孕“有喜”，生子“添喜”，生儿“大喜”，生女“小喜”，逢年过节是喜事，人们对幸福的祈望都是对喜的向往。喜字的造型是多变的，喜字表现的各种题材有：喜鹊、石榴、梅花等。喜字表现的主题常见的有：喜上眉梢、喜报三多、龙凤双喜、同喜等（图4-59）。

文字的装饰之美表现为形式的多样性。这些形式依托各地不同的习俗、不同的审美习惯和不同的材料，而产生了不同的艺术效果（图4-60至图4-62）。

图4-61 喜

第四节 汉字与印刷字体

◎ 一、印刷术的产生与发展

中国的印刷术，源远流长，传播广远。迄今已经历了源头、古代、近代、当代四个历史时期，长达五千余年的发展历程。南北朝是纸写本的繁荣时代，写抄本的盛行，使书籍产量大增，促进了文化的传播。与此同时，随着刻画、拍印以及树皮布印花工艺的手工雕刻技术逐渐向复杂、精致、规范的镌刻方向发展，为手工雕刻技术的进一步发展和完善创造了机会和条件。在这种情况下，印刷术应运而生，经过雕版印刷和活字印刷两个阶段的发展，给人类文明献上了一份厚礼。

图4-62 白莲坐上现如来紫竹林中观自在

顾名思义，印刷术的“印”字，本身就含有印章和印刷两种意思，“刷”字，是拓碑施墨这道工序的名称。印章和拓碑是活字印刷术的两个渊源。

印章在先秦时就有，一般只有几个字，表示姓名、官职或机构。印文均刻成反体，有阴文、阳文之别。在纸没有出现之前，公文或书信都写在简牍上，写好之后，用绳扎好，在结扎处放粘性泥封结，将印章盖在泥上，称为泥封，泥封就是在泥上印刷，这是当时保密的一种手段。纸张出现之后，泥封演变为纸封，在几张公文纸的接缝处或公文纸袋的封口处盖印。据记载，在北齐时（公元550—577年）有人把用于公文纸盖印的印章做得很大，很像一块小小的雕刻版了。

图4-63 雕版印刷工具

拓碑是印刷术的另一个渊源。大约在公元4世纪，人们发明了拓碑的方法。把一张坚韧的薄纸浸湿后敷在石碑上，再蒙上一张吸水的厚纸，用毛刷轻敲，到纸陷入碑上刻字的凹穴时为止，然后揭去外面的厚纸，用棉絮或丝絮拍子，蘸着墨汁，轻轻地均匀地往薄纸上刷拍，等薄纸干后揭下来，便是白字黑地的拓本。这种拓碑的方法，跟雕版印刷的性质相同。不同的是，碑帖的文字是内凹的阴文，而雕版印刷的文字是外凸的阳文。石碑上的文字是阴文正写，这和雕版印刷已经所差无几了。

印染技术对雕版印刷也有很大的启示作用。印染是在木板上刻出花纹图案，用染料印在布上。中国的印花板有凸纹板和镂空板两种，这种技术可能早于秦汉，而上溯至战国。印章、拓印、印染技术三者相互启发，相互融合，出现了雕版印刷技术（图4—63）。

公元1041—1048年，平民出身的毕昇用胶泥制字，一个字为一个印，用火烧硬，使之成为陶质。排版时先预备一块铁板，铁板上放松香、蜡、纸灰等混合物，铁板四周围着一个铁框，在铁框内摆满要印的字印，摆满就是一版。然后用火烘烤，将混合物熔化，与活字块结为一体，趁热用平板在活字上压一下，使字面平整，便可进行印刷。用这种方法效率很高，常用两块铁板，一块印刷，一块排字，印完一块，另一块又排好了，这样交替使用，效率很高。常用的字如“之”、“也”等字，每字制成20多个字，以备一版内有重复时使用。没有准备的生僻字，则临时刻出，用草木火马上烧成。从印板上拆下来的字，

图4-64 活字印刷工具

都放入同一字的小木格内，外面贴上按韵分类的标签，以备检索。活字制版正好避免了雕版的不足，只要事先准备好足够的单个活字，就可随时拼版，大大地加快了制版时间。活字版印完后，可以拆版，活字可重复使用，且活字比雕版占有的空间小，容易存储和保管，这样活字的优越性就表现出来了。中国人发明的印刷技术为现代社会的建立提供了必要前提（图4−64）。

◎ 二、宋体字

宋体字是印刷行业应用得最为广泛的一种字体，根据字的外形的不同，又分为书宋和报宋。宋体是起源于宋代雕版印刷时通行的一种印刷字体。宋体字的字形方正，棱角分明，结构严谨，有极强的笔画规律性。

今天我们看到的宋体有两个源头。第一个源头是中国汉字演变的发展过程：甲骨文、金文、大篆、小篆、隶书、草书、楷书至仿宋体、宋体字，这个过程体现了人类追求简约明朗、均衡对称、整齐统一的程式化的总体趋向。第二个源头是雕版印刷术的出现。出于对书法家的敬重，所刻字体都尽可能地保存了书法家的特点，因此，也有着浓厚的正楷书法味道。这种字就是今天我们称为“仿宋体”的前身，也是“宋体字”的前身。

雕版印刷术到了两宋时期，由于当时政治开明，平民百姓亦可通过科举进入仕途，所以社会读书风气日盛。由于社会对书籍需求的增长，刻工必须更快、更多、更好地完成任务，因此，总结了一套快速刻字的方法。在摹写楷书的基础上，充分利用刻刀的特点，对楷书进行改造加工，在用最少的刀功条件下，刻写出楷书的特征，这就形成了今天的宋体字。 可以说，宋体字上承中国书法的精髓，下启汉字规范化、程式化的先声，并把汉字的传播速度提高到了一个崭新的平台上。

方正新报宋
经典细宋简
方正仿宋简体
方正书宋
经典中宋简
经典长宋简
方正大标宋
方正粗宋简体

图4−65 各种宋体字

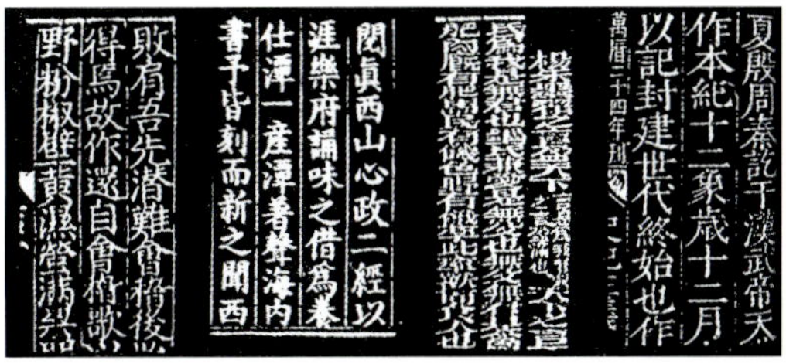

图4−66 宋体字的演变过程

图4−67 永字八法

图4-68 新国宋一号

图4-69 以宋体字字体特征为表现元素的招贴设计

图4-70 黑体字体

宋体字的两个源头汇聚一起形成了宋体字。因此，宋体字是与中国书法一脉相承的，是对中国书法楷书的终端释义。宋体字的基本笔画出自楷体的“永字八法”，其中包括点、行、竖、撇、捺、钩、挑、折等笔画。特点概括为：横平竖直、横细竖粗、撇如刀、点如瓜子、捺如扫，结构饱满，整体美观，起笔、收笔及转折处有装饰角，非常巧妙地、合理地把中国书法楷书的本质特征用刻刀及传统印刷术的形式反映出来，得到了认同（图4—65至图4—67）。

宋体字因刻刀刻写的关系，某些字某些笔画是特别设计的，因而不适合用硬笔书写，如走字旁。中国汉字由于笔画较多，又是象形，因此在结构处理上有很多微妙的关系。点画布局的一点差别，都会影响到字体的整体结构；笔画的造型韵味有没有传统书法味和雕版刀刻痕迹，有没有传统印刷的趣味，都会影响到宋体字的内涵。宋体字方正平稳，端庄典雅，舒展大气，追求精致的精神内涵，无时无刻不在影响着我们（图4—68至图4—69）。

◎ 三、黑体字

自工艺美术运动以来，西方社会进入到现代设计的发展阶段，工业化进程在印刷技术领域的技术革命对字体的创造和发展产生了深刻的影响，无饰线字体在编排设计中得到了广泛的应用。受其影响，20世纪初在日本诞生了一种笔画没有经过装饰性处理，粗细均等的字体，称为黑体。

黑体字又称方体或等线体，笔画整齐划一，所以它只能是一种装饰字体，而不是书法。黑体字的特点是：主要笔画粗壮，带有纤细笔触，字形紧凑，不用弧线。黑体字在字架上吸收了宋体字结构严谨的优点，在笔画的形状上把横画加粗且把宋体字的耸肩角削平为等线状，形成横竖笔画粗细一致，黑白均匀，使人易于阅读，因而独具一格，给人一种粗实有力、严肃庄重、朴素大方的感觉。这种字体在德国和奥地利一直使用到第二次世界大战之后。黑体又可细分为：粗黑、超粗黑

（特黑）、大黑、细黑、美黑、宋黑、水黑、艺黑、毡笔黑、平黑等类型，以端庄朴素为其基本特征。

不同的黑体又有不同的表情，特粗黑、大黑等字体存在感强烈，庄重醒目，适用于文章的标题性文字或进行广告展示。中等线、细等线等则粗中带秀，适用于文章的内文或编排设计的次重要信息。黑体的横、竖笔画两头要稍稍加粗一些，点、撇、捺、挑、勾的一端也要相应加强，尤其是在写大字时就会显得更加厚实有力（图4–70）。

◎ 四、楷体

楷体最初来源于书法楷书，印刷楷体通过对楷书笔画的规范整合，形成了这种非常实用的字体。楷体是汉字在印刷术中应用最早的一种字体。印刷术发明之初，雕刻工人通常以楷书名家的书法作为范本，逐渐演变成为当前使用广泛的楷体字库。印刷用楷体的运笔方法与手写楷体很接近，只不过印刷楷体比书法楷体更加规范。楷体的笔画圆润柔和，字形容易辨认，有着中国传统书法之韵味，造型规秀内敛，笔画横平竖直，结构紧凑，形体优美，在塑造作品文化属性方面能够发挥重要功能。此外，楷体还有字形偏小，笔画和间架不够方正整齐的特点，书籍的长篇正文不适宜用此字体，而大多数读物也仅将之用作短文和分级标题使用（图4–71）。

方正楷体简体

图4–71 方正楷体简体

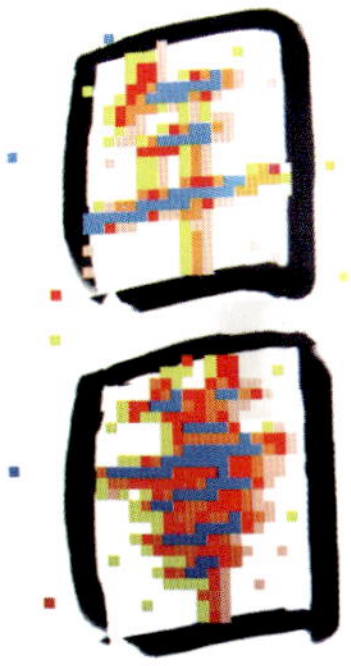

图4–72 年华无限

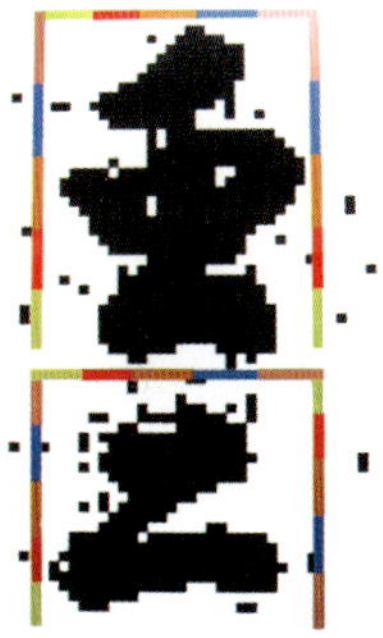

图4–73 风月无边

第五节 现代汉字设计

现代字体设计常常以直线和几何图形为构成元素，对文字进行处理，以创造出富有现代气息和视觉冲击力的字体。受现代美术思潮及其形式风格的影响，字体设计越来越强调点、线、面、形、色和质感等视觉要素的综合运用。同时，计算机技术的运用也拓宽了汉字设计的表现领域，强化了字体的信息传达效力。以汉字作为主体的设计，通过对它的本性潜能的视觉化开掘，并以各种手法加以处理，在当今发达的信息社会中是一种极富特殊表情的设计形式（图4-72至图4-73）。

汉字的形象设计是现代汉字设计中的一个重要组成部分，是指对

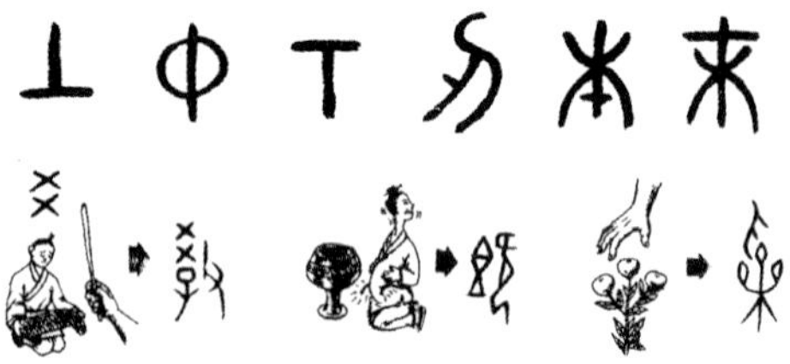

图4-74 象形文字的图形化体现

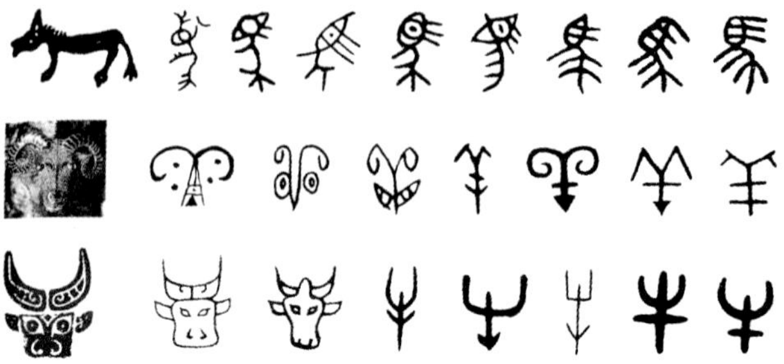

图4-75 文字 马、羊、牛的演变过程

图4-76 汉字形象创意 江南大学设计学院学生习作

汉字进行形象化的设计。由象形说起，汉字本身就是形象、象形的图像，“象形”字占汉字的绝大多数，从设计思维上来讲象形是形象思维。象形构形的汉字，一种是直接的绘形象物，呈现一种独立的图像，另一种是借助相关物象结合，表现物象，表达相关物体。象形是对具体事物具象形态的概括、归纳，同时装入人们更多的情感和想象，象形设计体现视觉的形象美化，主要是针对汉字的形进行变化，将象的笔画、部首、外形等因素进行处理找出最佳的视觉表现变化（图4-74至图4-75）。

自象形文字产生以来，人们习惯于模仿具体的自然形态并加以概括提炼，在保证识别的基础上使汉字的笔画或其局部转化为图形，形象与字体巧妙融合相辅相成。汉字意象的这种特性，使汉字赋予字面以外的强烈意念，现代汉字设计通过丰富的联想、巧妙的表现处理，创造出超越形象的意象文字。意象文字体现汉字意义的多样性及创作设计意象的多变性，意象设计呈现文字丰富的面貌，采用象征、比喻、渲染等意象设计方法，它是创作者结合汉字本身的含义与对汉字意义的理解和认识的一种设计方法，理解因人而异，意象也因此而不同（图4-76）。

汉字设计表现与其他的设计一样，具有一定的设计方法。汉字由于形状、笔画、结构的特点，决定了它的变化范围。其首要的任务就是将笔画、结构加以灵活运用，如笔画减省、重叠、互用、突变，添加形象、投影、背景，表面装饰、会意、归纳等，

图4-77 蒙志刚作品

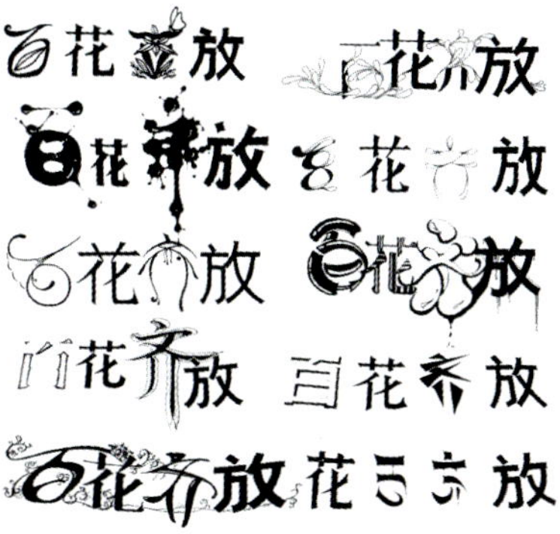

图4-78 “百花齐放”汉字形象设计

图4-79 汉字笔形变化设计

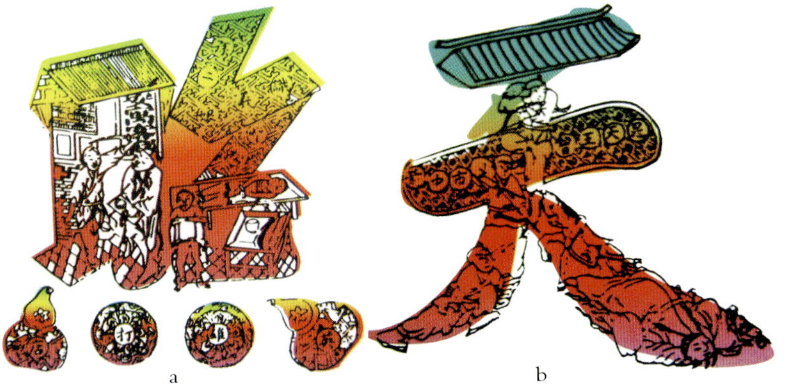

图4-80 图像汉字设计

图4-81 汉字笔画减省

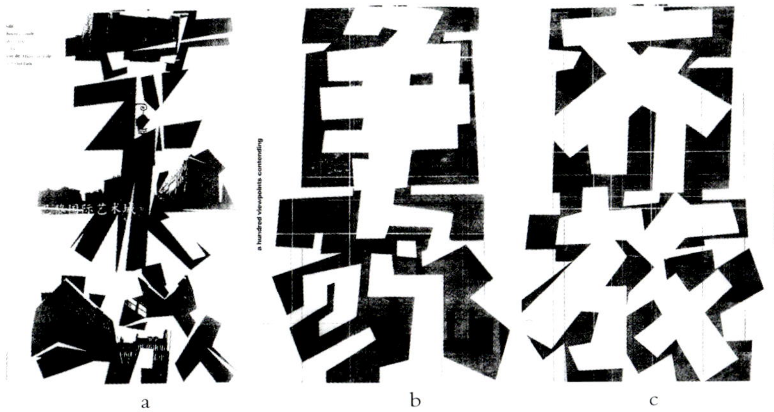

图4-82 以汉字为主要表现元素的海报设计

来达到设计变化的目的。只要以美学审美原则和现代设计表现形式作为设计依据，就会创造出适合人们心理的好作品（图4−77至图4−80）。

所以，我们可以这样来看待汉字：汉字是由点画构成的记录人类理念的平面设计，是供书写或类似方式处理的视觉信息符号。现代汉字的设计原理和方法又使它成为平面设计中最富有活力和生命力的元素之一。一个好的汉字设计作品，不仅仅是符号，是装饰，而更具有图形设计的表形性思维，传达出深厚的文化内涵和理念（图4−81至图4−82）。

本章思考与练习

1.根据“福”、“禄”、“寿”三个字的结构特点进行吉祥文字设计，突破民族化形式语言，体现文字的装饰性。

2.以宋体字的字形特点为设计元素，进行海报创作。

3.任选一种书法字体，分析特征，在书法的基础上强化特征，加以规范，创造新的字体。

4.以自然界中的各种事物，山、水、鱼、虫、建筑等的特征为创作依据，进行字体设计。

第5章 汉字设计的特点

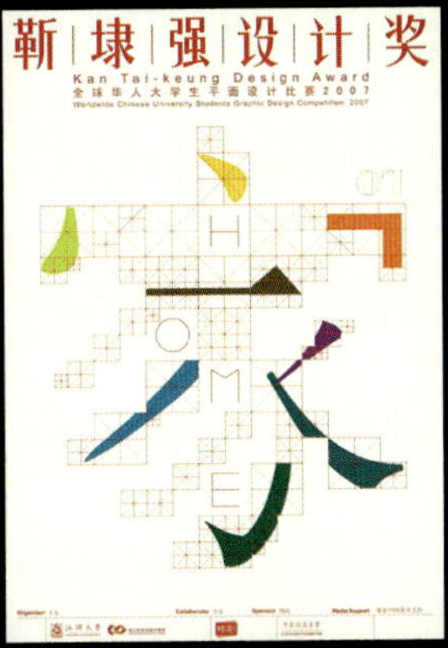
靳埭强设计奖
Kan Tai-keung Design Award
全球华人大学生平面设计比赛2007
Worldwide Chinese University Students Graphic Design Competition 2007
H
O
M
E

第5章 汉字设计的特点

第一节 汉字的文化功能

汉字是世界上最古老，使用人数最多的一种文字，有三千七百年的历史，至于它形成的时代可以上推四千五百年之久。在人类发展过程中产生的古文字如美索不达米亚和古苏美尔文字以及原始印度河流域文字，现在都已成古董或成为字母文字，完全丧失当初的形象。只有汉字作为一种自源文字体系，显示了非凡的生命力，千百年来记录着历史、文明和发展的历程。在汉字典籍中，有世界上最早的百科全书，最大的丛书，最古老的军事、医学、农业、数学、地理学、天文学等专著，以及许多伟大的音乐、文学作品，丰富的宗教经典和文献。作为一种非字母文字，汉字有着数量惊人的字符集，在这一点上，现存的乃至已经作古的各种文字系统中，找不出一个可以和汉字系统作比较的。

汉字的字形、字义，汉字的造型原理、表述方式，汉字的艺术联想，汉字的艺术分流形态，无不对中国文化产生影响。从物质文化的“茶文化”、“陶瓷文化”、“建筑文化”，精神文化的“儒家文化”、“佛家文化”、“道家文化”，社会文化的“饮食文化”、“民俗文化”、“礼仪文化”等等，都自然要涉及汉字的文化范畴，汉字文化实际上是中华民族文化的一个重要组成部分。

几千年来，汉字不仅充当了世世代代人们文化交际的媒体，在传统文化建构中也起到了重要作用。汉字的文化功能至少体现在以下几个方面。

◎ 一、传播功能

任何文字都是为了实用之需而创造的。文字不仅是文化的载体，反映物质生产、思维认知的水平，而且它又是文化传播的媒介。文字与语言相比，具有“迹”、“画”的特征，是记录语言的符号，在传播上可以超越时空界限。同时，汉字又是人们文化世界的一种反映和表达，是交流的载体，它弥纶天地，统摄万物，给事物命名，又在其中融注文化观念，突出体现了汉民族对汉字的人文强调。

应当指出，中国人在认识文字的一般传播功能之外，还赋予它另外一种传播功能，这可称为“定向传播功能”。“文”和“化”是密不可分的，“文化”之含义就是“以文教化”，“文”是体，“化”是用，这里也体现了中国文化的伦理型特征。《说文解字叙》称：文字是“经艺之本，王政之始”，是“前人所以垂后，后人所以识古”的凭证，也是统治者“宣教明化于王者朝廷”的工具（图5-1至图5-4）。

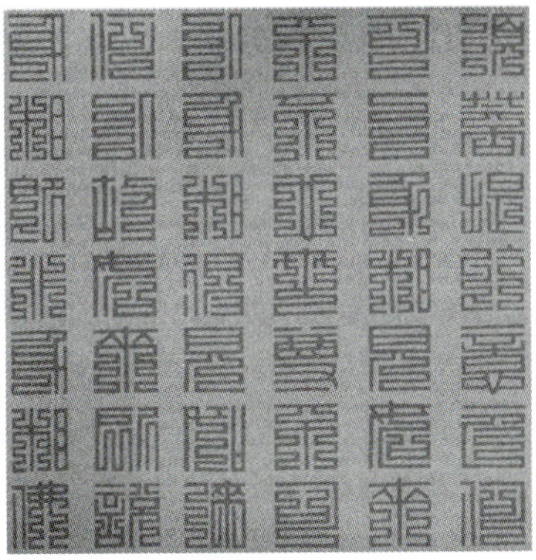

图5-1 上方大篆《金刚经文》

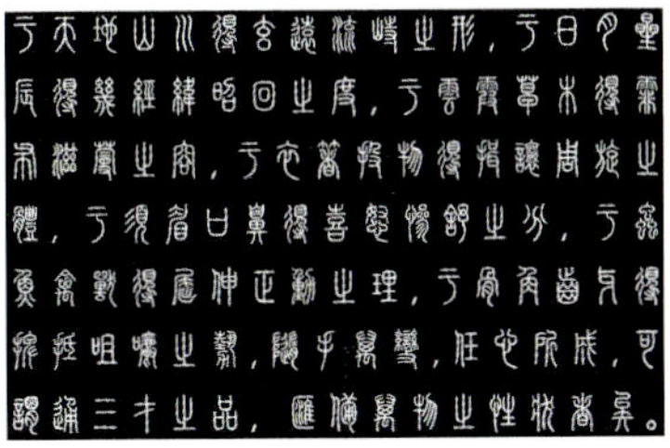

图5-2 小篆

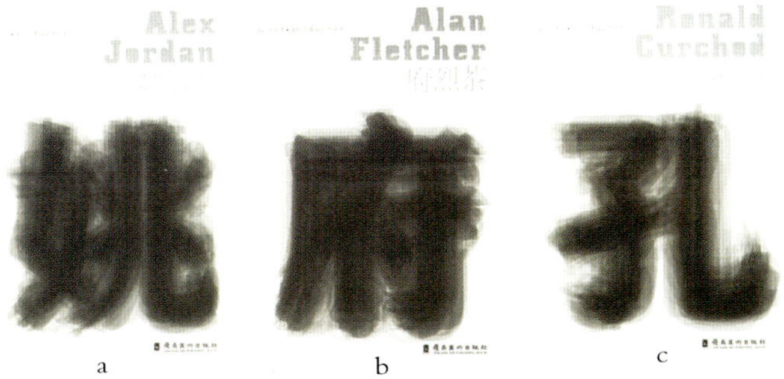

a b c

图5-4 何见平 封面设计abc

◎ 二、映射功能

所谓映射功能就是以文字来折射文化。这在世界上其他民族文字中并不多见，然而在汉字中却十分普遍。

世界上各民族文字均凝结着一定的文化信息，汉字中所蕴涵的文化信息则相对更为丰富。汉字在时间维度上表现出稳定的延续，可以从当今追溯到远古，而且它还是目前世界上唯一还在使用的象形文字系统，这种以“象”为主要特征的文字系统更易于摄入文化信息。在海外汉字界，也盛行着从文字入手来考证历史乃至中国人的心理特征的风气。如在法国，就形成了汉字研究的语源学派。

汉字的文化映射作用体现在文化研究各个方面。如从汉字的发展来看文化的变迁，田，今作为田地之称，然在商代，一般并不作此意，而作狩猎讲，即所谓“田猎”。商代牧业很发达，“所以在中国文字上不是后来的禾黍栗麦的田，而是供刍狩猎的田”。

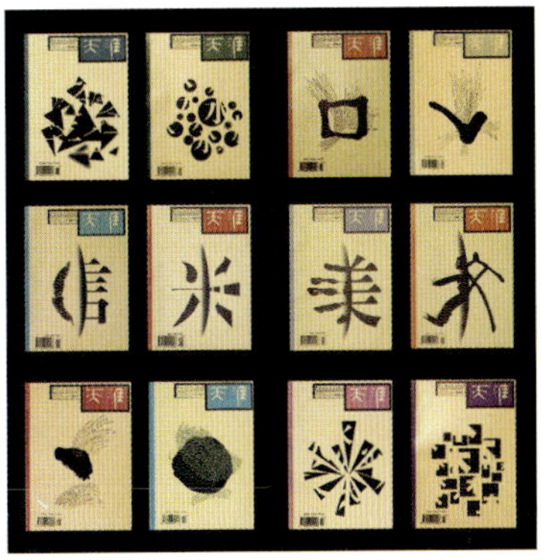

图5-3 韩家英《天涯》杂志封面

从偏旁部首的演化也可探测文化变迁的痕迹。唐兰先生说，汉字偏旁“可以指示我们古代社会的进化，因为畜牧事业的发达，所以牛、羊、马、犬等部的文字特别多。因为农业的发达，所以有草、木、禾、米等。因为石器时代变为铜器时代，所以有玉、石、金等部。因为思想进步，所以有言、心等部。假如去探讨每一部的内容，恰等于近代的一部专门辞典”（《古文字学导论》）（图5–5）。

图5–5 “囚”字的文化映射

在中国文化发展的过程中，汉字常被用来证明一个朝代统治的合法性，给人们思想行为提供某种规范，甚至被认为是具有预卜吉凶、除妖祛病的功能。在中国这样一个长期的封建国家里，君王享受着至高无上的权威，天下之大，莫非王土，庶民之众，莫非王臣。文字也不例外，它也常常被用做统治者的工具。秦始皇依权造字、武则天恃权改字就是显例。统治者利用文字去传播教化，也利用文字来证明其统治的合法性。让我们来看古人对“王”字的解释。汉纬书称孔子说：“一贯三为王。”《白虎通》说：“圣人无土不王。”因“王”字可以拆为“一”和“土”，一为天，土为地，天下之土，莫非吾有，所以王也。有人还将“王”释为“王者，往也”。《说文》：“王，天下所归往也。”通过声训的方法，说明君王统治天下的合法性，将君王的牧民专断说成是天意所钟、民所乐归（图5–6至图5–8）。

汉字还被作为价值判断的依据。人们常说“人言为信”、“田力为男”、“女在室内为安”，这些，就不把文字当作语言符号来看，而把它当作蕴涵着某种道德观念的符号，人们在不自觉中把这种符号当作判定是非的标准，汉字俨然成为价值判断的依据。自春秋以来的两千多年历史中，许多汉字被附加上既定的道德内容，而

图5-6 王字的演变过程

图5-7 鼎字的演变过程

图5-8 鬲字的演变过程

且层层累积，文字发挥了教化的作用。《说文》说：“古文正从二，二，古上字。”桂馥发挥道：“天道无私，是以恒正。”他的意思是，天道在上，惟德是补，是至善至美的体现，故曰正。正还被视为国家政治的准则，孔子说：“政者，正也。”刘熙《释名》说得更清楚：“政，正也，下所取正也。”从老百姓这一面说明为政以正的重要性。孟子将正和征联系起来，征，战也，但在孟子看来，其中又蕴涵着非战争的意思，《滕文公上》云：“征之为言正也，各欲正己也，焉用战!”通过征、正的联系，纳入儒家的“正心”观念。上列诸字都是建立在汉字形音基础上的，人们通过接触文字，或多或少地接受其附带的观念，于是教化作用也就实现了（图5-9至图5-12）。

图5-9 福字的演变过程

图5-10 壶字的演变过程

图5-11 禾字的演变过程

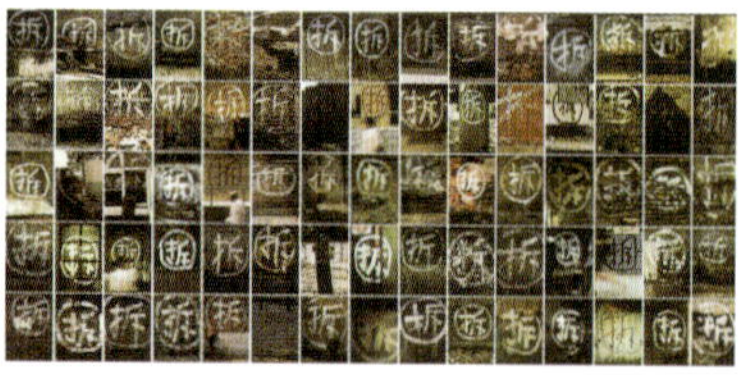

图5-12 王劲松作品

图5-13 魏立刚作品

图5-14 书法的艺术表现力，体现了汉字字体形体的变化

图5-12作者运用摄影手法反映了“拆”这样一个大的时代背景，当我们从汉字的角度来解读它时，发现汉字已不知不觉体现在中国的各个角落。

◎ 三、表现功能

所谓表现功能，就是说汉字的形体具有激越情感和表现情感的功能，这是汉字独具的魅力。许多汉字是一些原始的符号，原始得犹如化石一般，千百年来无数人在它古朴的形式上流连、吟玩，唤起了美妙的情感，启发了创造热情。诗人刘湛秋曾说：“它们可不是僵硬的符号，而是有着独特性格的精灵。……这些有影无形的图画，这些横竖勾勒的奇妙组合，同人的气质多么相近。它们在瞬间走向想象，又从想象中流出，只是在记忆中留下无穷的回味。这是一些多么可爱的小精灵啊。”(《神奇的汉字》)在这里汉字已不是文字符号，成了和人们情感相通的独特形式。汉字这一神奇魅力的根源主要在以下两个方面表现出来：

首先，汉字是在象形母体中产生的，象形可以说是汉字的根。这一特点，使得它密切了和现实社会的关系。汉字可以刺激人们的生命体验，而汉字隶化以后脱离象形又不离象形的特点，更容易产生一种形式张力，驱使人们去复现其“有意味”的世界。

其次，汉字形体还可以转化为一种“生命语言”，即表现生命、表现情感的符号。拼音文字一般只有几十个字母，字母多由圆圈、曲线、直线和斜线等构成，其形体的变化发展受到了限制。汉字的情况却不同，有多少个汉字就有多少个形态，每个字的笔画部件各不相同。书法可以说是直接得益于汉字的形体之便而创造出来的，即是把汉字本来优美的形式加以优美的书写表现出来。汉字以线为主的奇妙组合形式决定了它可以成为审美对象，书法将汉字的世界进行了彻底的开掘，书法通过墨的干湿浓淡和线条运动的疾徐涩畅等配合，将汉字线条外部的变化转化为内部的变化，如横在汉字中一体只有一种写法，但在书法中具有无限多样的变化形式，和每个书法家的情绪相韵和

（图5-13至图5-14）。

汉字的这些功能使得汉字在华夏民族中有极崇高的地位。

中国可以说是一个崇“文”的民族，一个崇拜“历史”的民族，一个崇敬“文字”的民族。大到民族的历史，小到家族的历史、祖先的历史和个人的历史，各种方面的资料可以证明中华民族是一个信仰自身历史的民族，各个民族的历史如此之长，有那么多值得依赖或者信仰的对象，这种信仰并非宗教，却有比宗教更可靠的精神支柱。

而把历史和信仰连接起来的桥梁就是中国的文字。中国的历史是用汉字记录于世的，因此几乎是与文字的使用与生俱来的。而在这个历史的绝大部分年代中，文字的使用是在一种相当原始的思维方式陪伴下延续的，人们对于这种图画般的符号有着特殊崇敬的心理。这不是用一般的宗教心理就能解释的习俗，因为在中国人的深层文化心理中，这些文字与那些久远的充满神话的历史相连，是这些如诗像画的文字把久远的历史所蕴藏的好运送到门户，人们愿意相信那些曾经创造了如此辉煌和灿烂历史的祖先和自己在一起，也就能有那样的道德力量，也就能有人们所企盼的好运。这样，一端连着古老文明，一端连着现代的文化，中国文字就是这样架在历史和信仰之间，它本身是神话的载体还是神话的本体，是历史的载体还是历史本身这样的一些界限也就淡化了，文字终于历史地变成了一种当之无愧地接受人们崇拜的敬物。

第二节 汉字与思维

语言是思维的直接表现。一个民族语言观念和形式的形成，受制于民族整体思维模式。而语言又影响着民族的思维方式，由于汉字持续时间长，中国人又长期对它保持着崇拜的态度，所以它和中华民族思维的关系就甚为密切。主要体现在以下两个方面：

◎ 一、汉字和中国人的直观思维途径

汉字在创造的过程中，有一种直观的方法，从物出发是汉字创造所采取的根本途径。汉字创造经过了从“文”到“字”的发展过程，文者，物像之本，它是依类象形、远取近求的产物，是物的感性形态的直接呈现。字者，即“孳乳而浸多者也”，它是

依类象形的进一步扩大。“文”与“字”的根本都在于有形可象，表现于“六书”，或是有所象，或是有所指，或是有所会，或是形声相益、取譬相成，都不脱离具体物象。世界上几乎所有早期民族的文字都是象形文字就说明了这一点。汉字作为象形文字的特点，也相应决定了对它的创造必须重视感情直觉的途径。许慎将其概括为“近取诸身，远取诸物”，“仰则观象于天，俯则观法于地”，就是强调汉字的创造离不开具体的物。

汉字在创造过程中深受早期朴素直观思维的影响，当然，所有民族在早期阶段总是自发地倾向于直观，世界上大多数文字都发端于象形就是证明。汉字是目前世界上唯一还在使用的象形文字系统，汉字在担当传播任务的同时，还显示给后人一套建构世界的认识方式，人们在认识世界时，这种方式盘踞在人们的思维深层，时时启发激活人们模仿这种方式去把握对象，它蕴涵的思维特性和构造方式对人们发生潜在影响。

现代中国人对汉字创造中的这种直观方式不断加以发掘，从而加强了这种认识方式对人们的影响。他们发现古人造字的一系列直观认识特点：一是“古人制字多自事物始”(《六书正讹》)，明确将观物作为造字的前提。二是汉字是在万物的启发下产生的，而不是逻辑推理的结果。张怀瓘说：“尔其初之微也，盖因象以瞳胧，眇不知其变化，范围无体，应会无方，考冲漠以立形，齐万殊而一贯。”(《书断》)汉字的这种认识特点和后代中国艺术的思维方式颇相契合。

汉字识读对中国人直观认识方式的影响更加突出。汉字是一种具象性很强的文字，它视觉形象鲜明，非字母文字所能相比。美国宾夕法尼亚大学曾做过这样的试验，结果表明，在语音干扰方面，英文要比汉语严重得多。日本人也做过类似的试验，认为汉字可以帮助人们诊治“失读症”。汉字阅读主要是一种视觉阅读(visual reading)，汉字的书写形式给读者很大便利，它是一种单体书写形式，呈方型矩阵，图画性和示导性强，因此便于视觉交流，便于储存信息。故而在阅读时，这些方型矩阵容易凝聚目力，使人们偏重于“聚焦式”的阅读，着重于视觉获得信息，而不是首先获得语音信息（图5-15至图

图5-15 “舟”字的汉字具象性的体现

图5-16 “门”字的汉字具象性的体现

5–16）。

著名汉字家高本汉曾经说过，在中国“一切文书典籍，都是为两目之用，而不是为口耳的话语的记录，文字的自己的生命，是一种独立的现象，与口语是分道扬镳的”（高本汉《中国语言学研究》）。重目视，轻耳闻，以及文字与口语的差异，影响了中国人特定的认识习惯，由于文字识读方式在人们心理认识上所占的特殊地位，这也历史地形成了中国人重“目治”，轻“耳治”的习尚。

汉字的视觉表象之所以能给阅读者强烈的心理刺激，还在于汉字能给人整体印象感，汉字在趋于笔画化以后，人们认读汉字仍然无须以笔画作为分析单元。语言学家陈振寰在谈到汉字形义之间的联系时说：“其实，这种现象的产生并不是因为汉字字型有多强的表意功能，而是心理知觉的机制在起作用的结果，汉字由点、线构成的平面结构在人脑知觉中所形成的心理完形，最终转化为一种视觉记忆。而汉字以一个方块为一单位，因而投影到人眼视网膜上造成的整体印象感要比拼音文字强，这一点更促进了这一种视觉记忆的优势。”汉字的视觉表象具有很大的可塑性和丰富的信息含量，每一个句子中包含着若干个汉字意象，而每一个意象中又具有许多不同的信息内涵，因此人们要恰当地译解其中的信息密码，当然不能靠逻辑推理，而只能靠一种特有的心理形式。汉字意义复杂，人们阅读时无须去精心选择在句子中应属的义项，只是在瞬间心理运动中就完成了这种意义选择。

◎ 二、汉字与中国人的朴素辩证思维

在汉字字形构造和语词组合中，潜藏着一种辩证原则。对称是汉字构造的重要特点，在商代卜辞中出现的汉字就注意到对称、避就、映衬等协调准则，在“字”与“字”的关系上，又存在着两两相对、有序排列的方式，如即和既、北和比、陟和降、正和乏、上和下、杲和杳、可和叵、凹和凸等。在汉字创造中，还存在着一种通过相同或相近的原则来创造一个与其意义相反的字的现象，这些所能反映的思维特点就是注重对立统一的朴素辩证思维（图5–17）。

朱光潜先生说：“汉字的构造和习惯往往影响思想，用排偶文既久，心中就无形中养成一种排偶的习惯，以至观察事物都处处求对称，中国诗文起初是自然现象和文字特性所酿成的，到后

图5–17 北 比 化同一单元形的运用

来加上文人求排偶的习惯，于是就‘变本加历’了。”朱先生这段话说得非常有道理。汉字是一种“堪与竟萌的俪偶文字”（刘师培《中国中古文学史》），在此影响下，中国人产生了一种好排偶的心态，人们在观察事物时，总注意到它的两面，成双成对象征着一种幸福，一种和谐，也是一种美的体验。汉诗的主体是一种含有对仗、押韵、字数等因素的格律诗，对仗是一种明显的俪偶化，平仄是从声音入手，强调文字的有序排列，形成一种对应和谐的声韵效果，而字数的排列也要求整齐对称。美国意象派诗人E.庞德曾感叹道：“用象形构成的汉字永远是诗。”而文学中的赋体可以说将这种“俪偶化”推向了极致。而在传统语文教学中还有一种叫作“对课”的形式，传统的启蒙读本为了便于记忆，常常将一些复杂的文化内容编成一种易读易记的对偶句式，如《千字文》、《三字经》、《增广贤文》等都是如此，使得学生从小就在“天地玄黄，宇宙洪荒”、“三才者，天地人；三光者，日月星”之类的诵读中，培养一种偶化的思维定势。

◎ 三、《周易》与汉字

《周易》以其精湛天成的思维模式，早被公认为我国传统文化的元典、群经之首。英国科学家李约瑟博士称《周易》为“万有概念宝库”，是中国古代百科之根。博大精深、神秘玄妙的方块字的思想根源与《易经》蕴藏在八卦象数之中的思维逻辑有着千丝万缕的联系。

对于我国文字的起源，多数学者认为是原始社会的产物，但具体年代，在伏羲八卦、河图洛书、结绳记事中则众说纷纭。可是不管怎样，有一种说法却得到了普遍认同：“河出图，洛出书，圣人则之！”圣人即伏羲氏。“卦者，其名。画卦，非卦。乃伏羲初制之学。”伏羲画卦，可以说是文字之始，是上古记事、记物的符号。宋代文学家杨万里在《诚斋易传》中所说的“以类万物之情”，是表示八卦具有文字的功能，为汉字打下了基础。

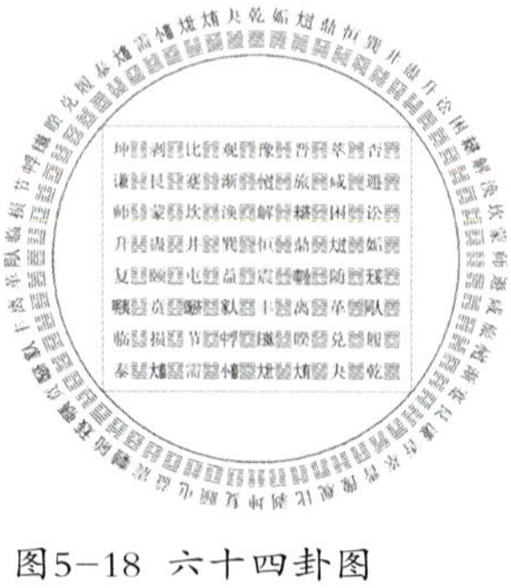
图5-18　六十四卦图

“易学卦驳符号宏观地表达宇宙万物万般变化原理的宇宙过程，把卦形作为一种象，运载着一套科学的道理，可以用任何语言来表达，但不固定代表某一事物的名称，与物名不发生直接的联系，所以，卦驳符号不能书写语言，还不是文字。但是它已经走到了文字领域的边缘，给文字的发明带来明确的暗示”。（萧启宏《汉字通易经》）西方大科学家莱布尼茨也说：“六十四卦图给普通文字

的发明以重大的暗示。”（图5-18）

汉字的发展突破图形文字的局限，形成了科学完备的巨大符号系统，五千余年，一脉相承地流传至今。而且它不是单纯的文字符号，蕴藏着使人类社会思维不断升华的“生生之谓易”的太极阴阳一分为二法则。从造字之始到执简驭繁的不同发展阶段，这种思维观念均融于汉字的结构、笔画中。可以说是始终在易学思潮的影响下，“神穷知化”道学思维的产物。它不仅映射着古代科技信息与文化哲学观念，更以其独特的内涵，表现事物的正反、浮沉等相辅相成的矛盾关系。汉字的发明，使中国易学符号的系统实现了从抽象数理符号卦驳符号到具体物名文字符号和汉字符号的过渡。中国易学的卦符是一种象：诸审者理，明理者象，对待者数，流行者气，这是中国易学的合理内核。汉字的发明，产生了一种能与语言相结合的，能书写具体事物的名称、表现具体名称对象事理的符号。所以，汉字不仅是一种文字符号，而且是负载着古代科学知识和文化观念的全息标志。

图5-19 邱振中作品

第三节 汉字的笔画与结构

◎ 一、笔画

笔画是汉字构成的基本元素，笔画的形状一般称为笔形。汉字由笔画组成部首，再由部首组成字形。汉字基本上由八种笔画构成，这些基础笔画又因在字中的位置不同和间架结构上的需要，而派生出变体笔画。在汉字字体中，由于笔形不同，从而产生了许多笔画形状各异的字体。

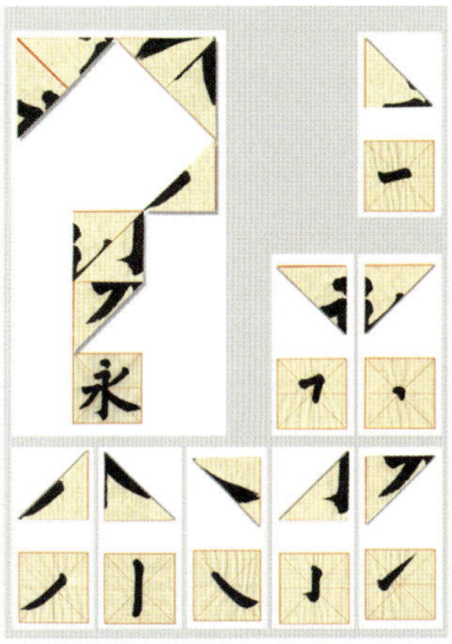

图5-20 八法

1.笔形塑造

在中国传统书法里，十分重视笔形的塑造。笔形塑造的好坏，直接关系到文字形象表达的效果。笔形是构成文字中笔画的基本形象，这种基本形象随设计创意的萌发而形成。因此，塑造笔形，主要体现在对设计元素的思考、分析、精练、加工上。就一个具体的原始设计元素而言，要转化成一个较为感人的笔形结构，必须经过一系列的转化过程，在转化过程中不断地融进创造性的思维活动（图5-19至图5-21）。

图5-21 海报设计

基本笔形是文字笔画形象构成的规范元素，一种字体中以什么样的基本笔形组成文字，是由基本笔形的形态决定的。字体设计通过对一个个细部的处理，使汉字的笔形形成统一的创意形象（图5-22）。

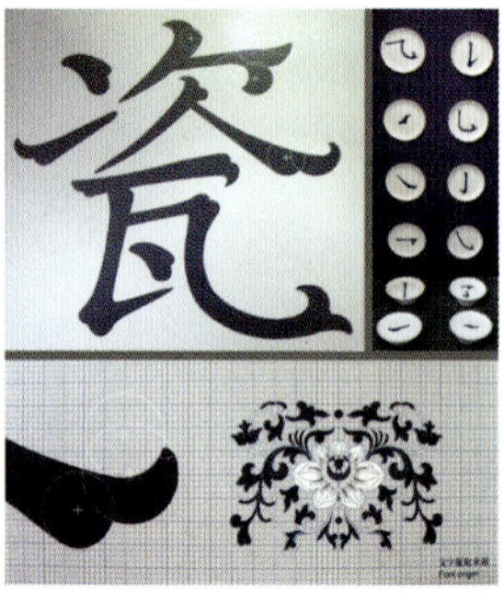

图5-22 字体设计

2.重组笔形

汉字的笔形犹如人类的语言词汇一样，有着非常丰富的构成元素，这种构成以鲜明的笔形形象展现出种种活力。汉字字体中的隶书、楷书、长宋、粗黑、综艺、琥珀等，从字体的笔画中都充分地表露着笔形的个性特征，每种笔形的构成都展现着个性化的线形关系。线形与线形间能否在构成中寻找到共有的融合点，体现于线形间形象个性的有机结合（图5–23至图5–26）。

图5–23 文化穿越生活1

图5–24 文化穿越生活2

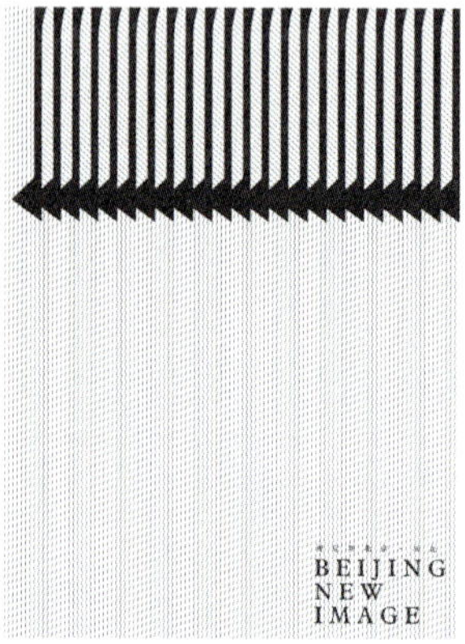

图5–25 用宋体的“一”经重复组成北京四合院的灰瓦，用简练的语言表现了北京有特色的民俗文化景象

图5–26 海报设计

图5–27 字体笔形重组的立体化表现

在人们的视觉感观中，不同的字体笔形形象间的差别已显出明显的个性，这种个性间的大跨度差别是进行重组的基础。在重组过程中通过再构成，使原创字体笔形的个性趋于另一起点上。重组笔形需要我们基于不同的形象风格，从中展开形象融合和再表现的思维，从原创字体笔形上激发并产生新的形象。如天然纹理的石头、浮雕形态，各种材质的折光和肌理，球面体形象、渐变、错位关系等，都能从新的形象视野上给字体笔形注入新的重组效果（图5–27至图5–29）。

图5–28 通过汉字笔画的错位、重组、三维表现进行的设计

汉字的笔画解体是一种有趣的设计尝试，约定俗成的汉字首先分解成单一笔画，一横、一撇、一点、一捺，我们可以联想象形，将自然中万物的形状都和汉字的每个笔画有了形象上的关联，每一个笔画都是一个形象，并且，形象之间非常巧妙自然，单一笔画有着想象，单一文字的形象联想不再是个难事。用笔画的解体联想就如做个游戏，取形之间的关联而不必在意“意”，形上的关联是简单的，两者存在相关联之形，合体而成就是一个创意（图5–30）。

字体形象作为一种最为简洁的视觉符号，它首先要求具备基本笔形形象性规范，其次要求具有一定的个性化特征。结合笔画形状，借助人们的视觉感受和形象元素想象发挥，从而体现出设计创意的意义（图5−31）。

3. 笔形变化

汉字字体的笔形相对于某一特定的字体是不能改变的，宋体字是以宋体的笔形构成，黑体字就是以黑体的笔形构成。但创意性字体设计可以根据不同创意源点进行变化，汉字的笔画设计源于印刷的各类书体以及书法，不同的书体笔画的特征是不同的，如隶书的蚕头燕尾，篆书的流水铁丝，楷体的顿笔饰角，不同的形产生不同的联想。在笔画间寻求统一的笔形变换，如笔形的粗细变化，笔形的衔接，笔形的突变、旋转、叠加、互衬等变化。通过不同形式的变化手法，往往能产生一些新意象的字体（图5−32至图5−35）。

文字与文字的笔形间存在着种种互衬关系，竖与钩间的，内外笔画间的，相互穿插间的，实体笔画与虚体白地间的，都以彼此间的相对定格位置或形象特征构成种种自然的互衬关系。在字体设计中，可以运用这种规律性原理在笔形间启发创意思路，对某些笔形加以调整或修正，利用一些笔形来衬托其中一些笔形，达到笔形变化的效果，使字形跳出原有字体的框框，在归纳整理的基础上塑造笔画，表达主题内容（图5−36）。

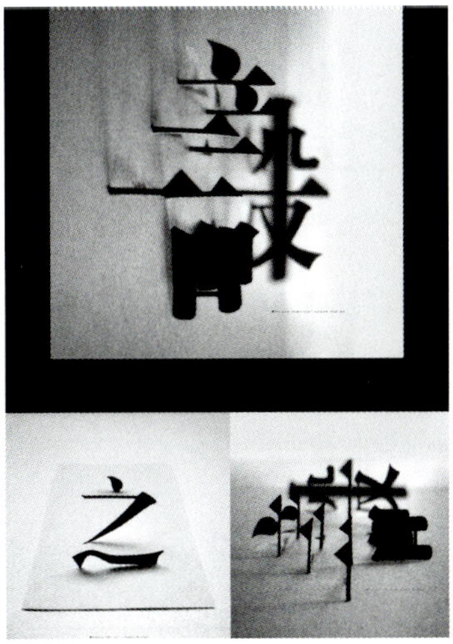
图5−29 汉字空间

图5−30 江南大学设计学院学生习作

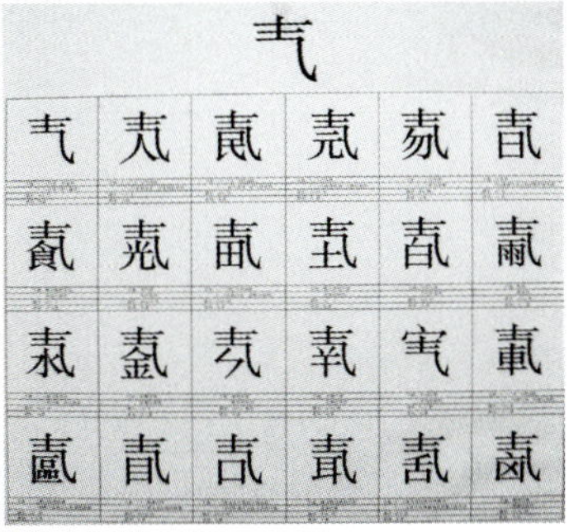
图5−31 污染字件及字系

图5−32 汉字笔形变化(1)

图5−33 汉字笔形变化(2)

图5−34 汉字笔形变化(3)

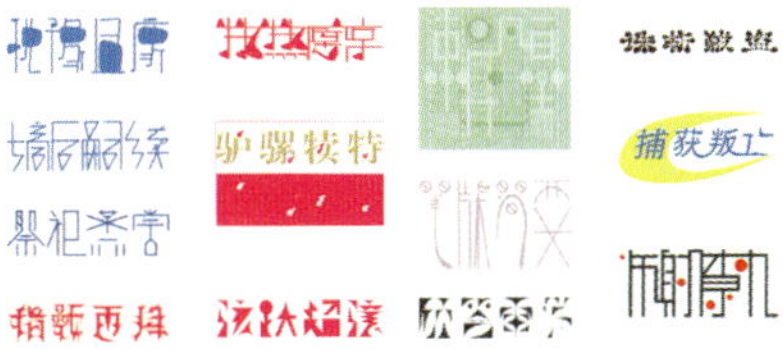
图5−35 汉字笔形变化(4)

图5−36 心情日记

日 曰

甲申由

鸿汉洛派

图5-37 文字结构比较

岭 估

乱 姓

创 衍

图5-38 左右结构

变 垦

岸 羔

首 贪

奏 亩

从 景

图5-39 上下结构

崩 碧 裁 卦

图5-40 混合结构

团 臣 习 问

图5-41 方框结构

赵 厅 氧

图5-42 连边结构

◎ 二、结构

一般认为汉字是方形字，这只是与其他民族文字相比较而言的。其实在汉字中，还有许多菱形、三角形及其他不规则形字。

汉字的笔画构成繁简悬殊，外形各异，内部结构千变万化，这些复杂现象都很明显，也较易识别和处理。但对一些笔画相同、外形相似的字，绘写时就应该注意它们的外形结构。如“日”字和“曰”字，笔画数量虽然一致，但外形就不能相同而处理成方形，否则就无法区分。再如甲、申、由三个字，由于字的本身结构的特点，绘写时应适当调整笔画结构，统一三者的关系，使它们在视觉上达到统一（图5–37）。

汉字的结构由笔画与笔画的搭配关系所决定，组织、安排得是否得当，直接关系到字形的美丑和意念的体现。由于汉字结构复杂，同一偏旁要与很多不同的形旁组合成字，会遇到多笔画、少笔画等多种不同的条件制约。如“鸿”、“汗”、“洛”、“派”的笔画结构均为三点水，但它们的形旁所占的面积大小不同，应根据情况灵活变动，使字体和谐、美观（图5–38至图5–42）。

偏旁与文字是局部和整体的关系，局部比例分割恰当，字体才有整体美。依据汉字的结构特点，字体分割具有平衡性、均匀性及可变性特点。在绘写汉字时，不能孤立地看待单一笔画的改变，而应重视汉字结构的整体变化，同时结合汉字本身所包含的内容进行设计。

汉字源于象形，有着象形的汉字给予我们许多想象的空间，但随着字体体系的逐渐成熟，符号化的不断加强，汉字里的许多文字不再具备最初的象形，对文字的创意处理缺乏直接的想象，许多常用的字体给人的感觉是长久以来约定俗成的，想象麻木，这意味着设计上要突破现有的认识及现有的思维模式，突破现有的语言和现有的印象（图5–43至图5–46）。

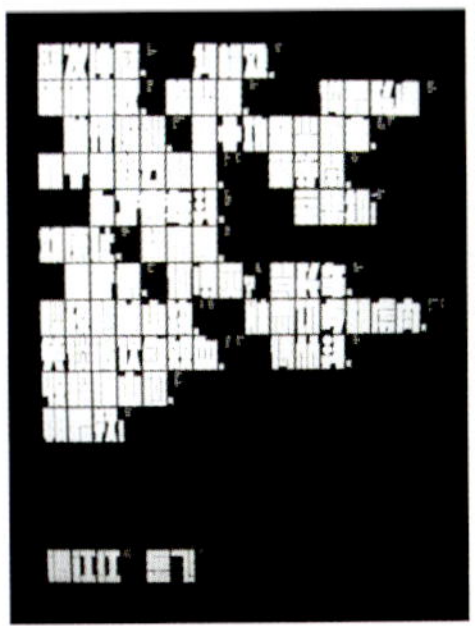

图5-43 突破汉字原有结构所占面积进行字体创意

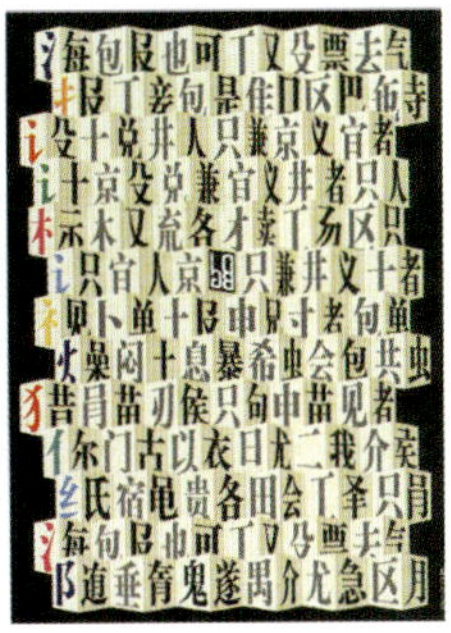

图5-44 将汉字的结构和组合方式作为设计要素，在折叠和展开时获得汉字组合的乐趣

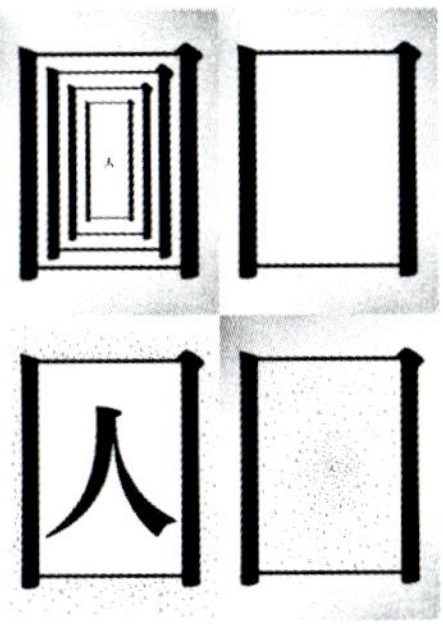

图5-45 人性系列

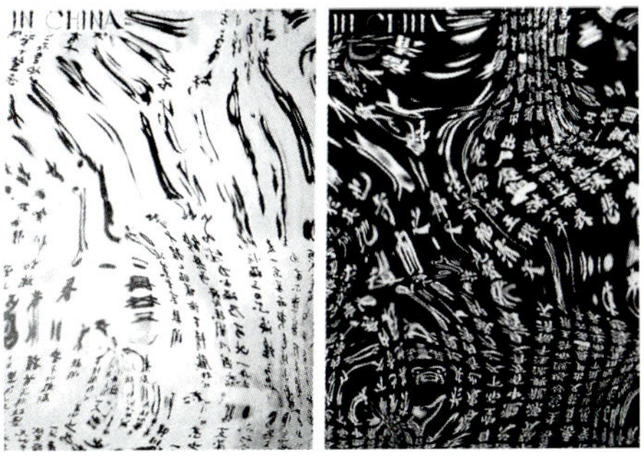

图5-46 汉字字形变化，形成具有流动感的视觉效果

第四节 汉字的字距、行距与重心

◎ 一、字距

字距是指字与字之间的距离。通常计算机文字都有固定格式的字距设定，这种设定对于正文来说是可以的，但作为标题时就会产生特定字和特定字之间的问题。这类问题通常可以通过调整文字间隔来改变文字的疏密程度，以弥补视觉上的缺陷。在排版时采用过于紧密的字距带给人以紧张感，字就会开始互相冲撞，而字距的加大使阅读的视线趋于断续的状态，连贯的信息被不合理的编排打散开来，这与阅读所要求的方式相矛盾。合适的字距可以使阅读具有连贯性，增加视觉舒适度（图5–47）。

这 行 字 排 得 松
这行字排得正常
这行字排得紧
这行字排得太紧
这行字排得互相搭在一起了

图5–47 字距

◎ 二、行距

行距指的是文章中的行与行之间的距离。行距的宽窄是设计师较难把握的问题。从功能性的角度讲，对汉字的形态表现必须考虑到传达的效率。大篇幅的文字段落，采用过于紧密的行距带给人厌烦感，因为没有一条空白带引导目光，上下文字互相干扰，目光难以沿字行扫视，形态的彼此牵连和纠缠加重了识别的负担，过于紧密的行距使视线的掉转变得不知所措而失去定位的参照，这种极端的排列方法，会使阅读长篇文字者感到疲劳。通常对于长篇文字的处理原则是字紧行松，这样会显得很有条理感。行距在常规下比例为3：2：3，即高为3cm，行距为2cm。事实上，除行距的常规比例外，行宽行窄是依主题内容需要而定的。一般娱乐性、抒情性读物，加宽行距以体现

图5-48 汉字的行距在空间环境中形成的视觉效果

轻松、舒展的情绪；而学术性、严肃性的刊物，行距一般采用常规比例。同一版面上，还可同时采用宽、窄行距兼有的形式，以增强空间层次和弹性。汉字的组字方式是以象形为原始基础，也就是每个字都具有特别的意义，一个简单的字可能在远古时代就代表了一个复杂的生活场景，因而它也是世界上最形象的文字，与英文的阅读方式和解读方式有本质的不同（图5-48）。

◎ 三、重心

重心是指一个物体重量作用点的所在。重心平稳是汉字结构中最根本的一条。每个汉字最终都依据汉字各部分重心所构成，所以书写时要注意各部分之间重心的匹配。一个人端正地坐着或站着，给人安稳的感觉，这是因为重心平稳的缘故。一个在行走或奔跑的人，虽然身体处于运动当中，但因为不失重心，所以也不会有倾跌的危险。一个字当然不能像物体那样具体地指出它的重心所在，但在讲究结构变化的同时，要求做到重心平稳，这在某种意义上说，与要求一个人站着、走着，甚至做出惊险的动作（如杂技演员“走钢丝”）而不跌倒，原理是一致的。

要做到字体结构上的重心平稳，不能只求笔画平整、间隙匀称，而要在平稳的同时利用字形的变化和点画的背侧来求得结构上的变化。这里所指的平稳是要兼蓄稳和险奇相对立的匀称，因此在安排结构时，既要考虑汉字结构的基本比例，又要做到形态自然、线条流畅，使写出来的字生动活泼，不失重心。在平稳中求变化，又要在千变万化中保持平稳。

重心平稳是汉字结构的核心。受视觉及审美习惯影响，汉字的重心一般落于字体中心的偏上部位，和人的视觉中心(略高于物体几何中心点的位置)大致吻合，略显上紧下松，这样字会显得挺拔优美（图5-49至图5-50）。

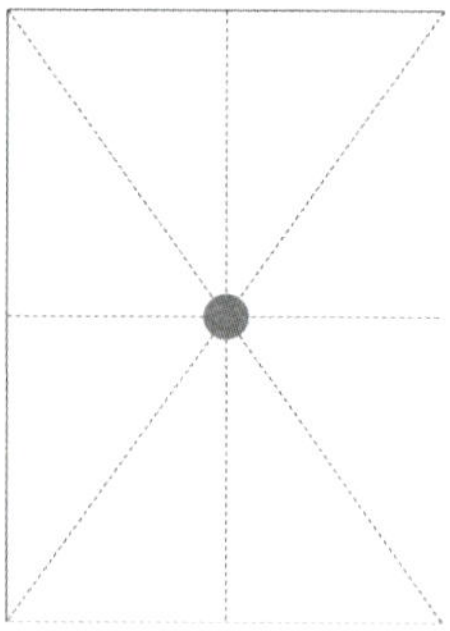

图5-49 几何中心

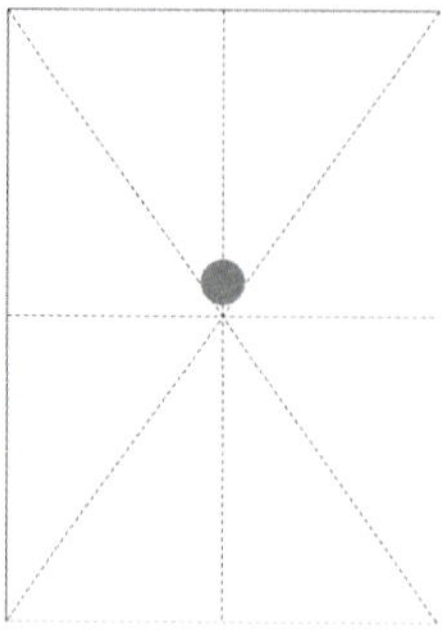

图5-50 视觉中心

第五节 视错觉与汉字

字体设计作为识别符号，具有一定的视觉和感受特性。在人的普遍性认知中，对物体的识别是近大远小，对图形的理解是凭视觉经验来判断的。视错觉是指我们判断与观察的形态在现实的特征中间所具有矛盾的错视经验，当观察的人发觉自己主观上的把握与对象物之间的不均衡时，就会产生错觉作用的混乱。由于人们生活在一定的社会环境中，视觉在相当程度上会受主观及客观因素的影响而与实际有出入。如人们对特定的物体、图形、色彩有统一的认识，但是由于环境的不同，人们对一些具有一定变化的物、形、色的感受和理解也就不同。

视觉是物体的影像刺激视网膜所产生的感觉。人们通常把通过眼睛观察而造成对物体的形、色获得的错误结论，称为视错觉。生理上造成视错觉的原因是由瞳孔随着光线发生放大或缩小的变化等因素引起的。当人们一边用眼睛看，一边用头脑判断，这样就会产生视错觉，通常视错觉的产生是生理和心理因素同时作用的结果。在字体设计中也需要考虑这两方面的因素，才能有效地纠正视错觉现象造成的错误，并在设计中加以灵活运用。人的眼睛能辨别黑色、白色和圆形、方形等，但观察的结果，往往同实际有很大出入。

小的面积放在大的面积旁，看起来小的更小、大的更大。三个大小相等的正方形横向放置时，中间的看上去较短粗；而竖向放置时，中间的较细长。这说明眼睛的左右移动比上下移动要自然、方便，且视野宽阔。人的眼睛在构造上，看上面的东西比较费力，易疲劳，看视平线以下的范围较大，且较自如、便利。因此，上面的显大，下面的显小。一般人的右眼在接受光、形、色时较左眼敏感，右边的形应略大于左边的形（图5–51至图5–53）。

根据视错觉经验，我们可以得出汉字的基本绘写方法：横画多的字应上下压缩，左右外出些；竖画多的字应左右压缩，上下外出些；正方形字应缩小，三角形和菱形字略大些；内白大，字易显大，应缩小，反之则应放大；少笔粗，多笔细，笔画交叉处要细；主笔粗，副笔细，外档粗，里档细；放弃几何中心，使用视觉中心；以重心齐中线，两边重量均等。

图5–51 上下左右，视觉感受不同

图5–52 旋转感和动感

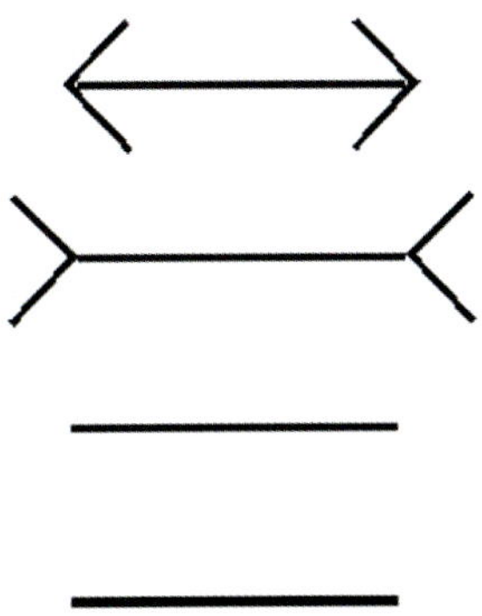

图5–53 相同长度的线在不同附加物作用下的效果

第六节　汉字的载体变化

文字要靠一定的载体才能发挥作用。没有载体，也就不会有文字。古代的文字由于“书于竹帛、镂于金石、琢于盘盂”，才得以留传至今。记录汉字和其他民族文字的载体，都经历了一个大致相同的演变历程：由笨重到轻便，由坚硬到柔韧、轻灵的轨迹。

◎ 一、文字载体的选择与演变

研究记录汉字的各种载体，追求其演变历程，可以发现，在纷繁的表象背后是有规律可寻的，其制约因素是多方面的。

首先，文字表达直接影响着文字载体的选择。经典文献、历史、重要法典及中国特有的书法作品是要长久保存的，这就要求文字载体必须能够长久保存。一般文字载体材料显然是难以胜任的，“缣缃有坏，简策非久；金牒难永，皮纸易灭”。因而古人记录这类内容的文字时，大多数是：琢之盘盂，镂于金石。新闻、笔记等记录日常生活内容的文字则不然，首要的是便于书写、修改和携带，记录这类文字所使用的载体一般是简册、缣帛和皮纸。文字内容对选择文字载体的制约作用，是始终存在的。在遥远的古代，由于还没有一种既能长期保存，又便于书写、修改和携带的文字载体，为满足记录不同内容文字的需要，所采用的文字载体是丰富多彩的。

其次，文字使用的增加促进了载体的改进。文字应用的日益广泛，使文字载体的需求量自然越来越大。鸿篇巨制的文章越来越多，要求文字载体能够连缀成篇、折叠成册，来满足记录、携带篇幅较长的文字的需要。

汉字的独特形体特征对载体有着与众不同的要求，使汉字载体得以长足发展。汉字字形的整体间架结构有粗细、轻重等不同变化，具体笔法上还有顿挫、波磔、勾拆等独特的风格,这就促使我们的祖先积极地寻求能够使用笔墨书写的载体。先是用编排成的竹简，后来又利用玉石片、缣帛和木牍(一种供书写用的木片)等作为书写材料，最终率先发明了纸。

汉字载体的演变和书写工具的变革也是密切相关的,书写工具的变革不断推动着文字载体的发展。由于笔墨书写工具的出现，缣帛和纸张淘汰了原始的坚硬金石材料；现代印刷术、静电复印技术、计算机技术等新的书写模式的产生又直接推动了造纸术的改进，使纸张的质量得以不断提高，花色品种更加丰富,印书纸、新闻纸、铜版纸等高质量的纸张不断出现。社会的物质文明程度也制约着文字载体的选择与演变，并不断地为文字载体的发展提供新的材料和新的模式。现代科学技术的进步，使我们已经能够以电磁信号或光电信号的方式，在磁盘或光盘上书写并存储文字信息。

◎ 二、载体的种类

纸，作为中国古代“四大发明”之一，已经成为当今最主要的文字载体了。但是在这一伟大发明出现之前，已经使用过各种各样的材料作为文字载体。根据其物理性质，这些文字载体大致可以分成以下三类：

一类是坚硬的材料，包括金石、兽骨、陶制器皿等。如中国古代曾经使用龟甲、兽骨、青铜器等作为文字载体。现代其他民族也都使用过类似的文字载体。

另一类是轻软的材料，如中国的缣帛，便于使用笔墨书写。此外，这类文字载体可以连缀成篇，既便于记录比较长的文字，也利于收藏、传递。

古代的文字载体，还有一类是介于上述两者之间的。这样的材料有中国的简牍(编排在一起的竹简或较大的木片)，在简牍上，可以用专门的书刀刮掉写错的字迹，再书写正确的文字。在泥版或涂有蜡或石膏的木板上，修改就更简单了。这类载体来源十分丰富，价格要比缣帛、羊皮纸等便宜得多。

社会文明的不断进步，文字的使用量也越来越大，即使用最小的字体，最轻薄的纸张，也不免有卷帙浩繁的嗟叹。现代计算机技术的发展，为文字载体及记录方法开辟了新的领域。存储量大、重量轻、易于携带的磁盘、光盘等信息媒介是未来信息记载的重要方向，而且还能够对所存储的信息进行修改和多维的处理（图5—54至图5—58）。

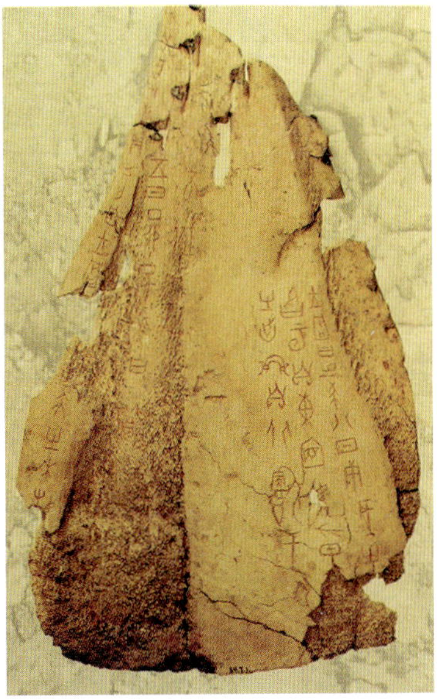
图5-54 文字载体——甲骨

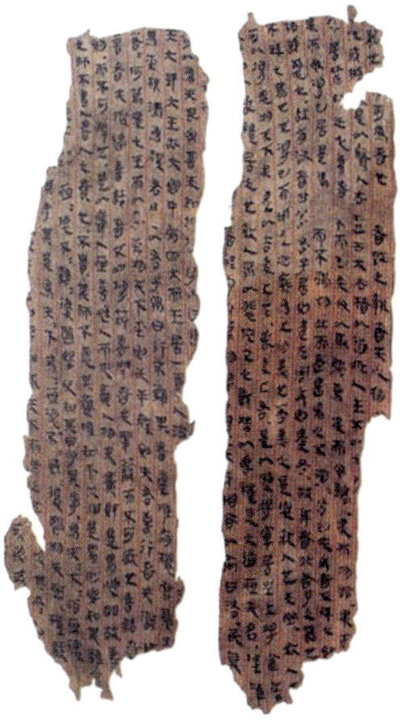
图5-55 文字载体——帛

图5-56 文字载体——竹简

图5-57 文字载体——书籍

图5-58 文字载体——光盘

第七节 汉字的设计与编排

图5-59 汉字编排(1)

图5-60 汉字编排(2)

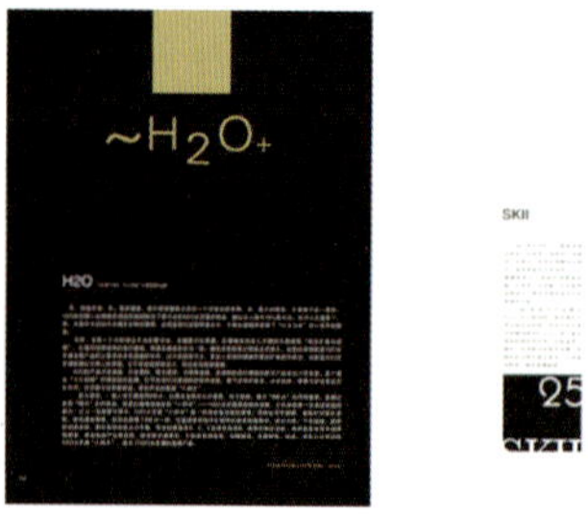

图5-61 汉字编排(3)

图5-62 汉字编排(4)

汉字是编排设计中不可或缺的重要对象，但汉字独特的字体架构使得当前设计师普遍感到棘手。汉字繁多，笔画数差异大，在进行组合式的编排处理时感觉难以协调，缺乏视觉的整体性。汉字因为结构的复杂，在印刷上5号字已经接近辨认极限了，因而在设计时汉字要考虑可阅读性，在设计中就不如英文的字号大小灵活多变。汉字的整体编排容易成句、成行，视觉效果更接近一个个规则的几何点和条块。汉字编排每个段是一个完整的“块”，很难产生错落感。但不能否认的是，单个汉字所具有的独特意韵以及特有的架构之美，只要设计师深入了解、准确表现，汉字在编排设计中就能获得潜力无限的造型可能（图5-59至图5-62）。

在漫长的文字发展历程中，人们创造出了多样的字体，现在比较流行的字体有圆体、姚体、综艺体、彩云体等，这些字体往往风格鲜明独特，适合于应用在一些少量的文字编排中，以追求独特的画面效果。书法是中国独特的文字表现的艺术形式，在这种深受人们喜爱的艺术表现形式的基础上，人们发展出了丰富多彩的手绘效果字体，如隶书、颜体、魏碑、行楷、行书、舒同体等。此外，金石艺术在我国同样是历史悠久、群众基础广泛的一种艺术形式，在此基础上人们创造出瘦金体等，也有着不同的艺术韵味。书法和金石这两种艺术形式已经成为中国传统文化的有效符号，以上的这些字体基于两者发展而来，蕴含了强烈的中国传统审美特点（图5-63至图5-64）。

汉字是对所传达信息的精确阐释，语义是情感传达的载体，两者水乳交融。在不同的编排类别中，汉字的编排

图5-63 字体

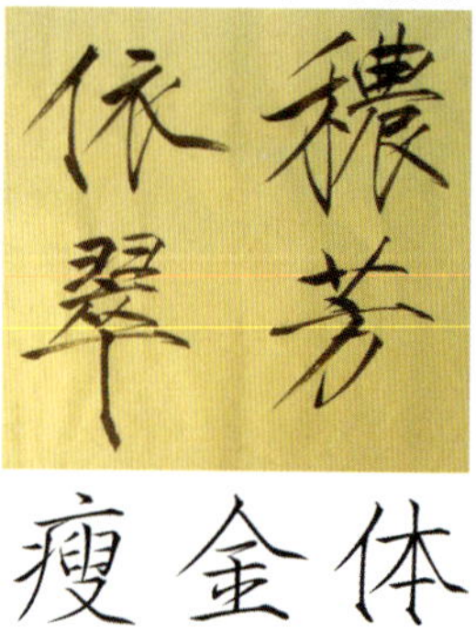

图5-64 瘦金体

方式和承担的任务也各不相同：在以汉字为主体的设计题材中，它通常以段落的形式出现，由此可以记录海量信息，并且由于段落的规整外框和明朗的空间秩序，传递的信息一目了然。在文字较少的场合，它以标题、说明文、页码等形式出现，零星地分布在不同的地方活跃气氛。可以肯定的是，汉字是从象形的模仿图形中进化过来的，这无可质疑地说明了汉字与图形的历史根源，不管历史的进化赋予了文字多少新的内涵，从视觉上讲，汉字的本质还是一种抽象的图形，汉字的结构形式和艺术风格蕴含了更为潜在的情绪，现在仍然部分保留了具象的视觉因子。

印刷在纸面上的汉字已经远远超出了文学语言的范畴，进入到图像领域范畴中，它是对语义的补充说明：单个汉字的出现，视觉在心理上把它看成一个特殊形态的点，比如页码；当文字沿着一定的路径排列成句的时候，就产生了线条；文字做为段落出现在一个边界较为明确的范围中，我们可以近似地把它看成一个面，这个时候的汉字已经不仅仅是作为最初的表意符号而存在，它更是图形实体。此时我们已经不满足将其仅仅视为承载信息的符号，其图形的视觉效应耐人寻味。当字体不再停留于既有的印刷字体时，多变的笔画和独有的结构方式配合色彩与肌理的个性搭配，其图形的视觉效应就占了上风，其语义的传达在视觉的揣摩中得到了更为深刻的表达。汉字的局部变化能使文字向图形演变，汉字排列在一定区域内也有图形化的趋势，当汉字杂乱无章地排列组合时，可以产生肌理的效果。这种相互转换性也恰恰体现了汉字的图形性，成为汉字设计和编排的一种重要形式（图5−65至图5−71）。

在一个版面中，选用三到四种的字体为版面最佳视觉效果。超过四种以上则显杂乱，缺乏整体感。要达到版面视觉上的丰富与变化，只需将有限的字体变粗、变细、拉长、压扁，或调整行距的宽窄，或变化字号大小。实质上字体使用越多，整体性越差。注重文字的编排和文字的创意，乃是视觉传达设计现代感的一种体现。设计师不应放过在有限的文字空间和结构中进行创意编排，而应赋予编排更深的内涵，提高版面的趣味性与可读性，克服编排中的单调和平淡（图5−72至图5−74）。

在编排设计中通常会运用字意图形，字意图形是将文字意象化，以简洁、直观的

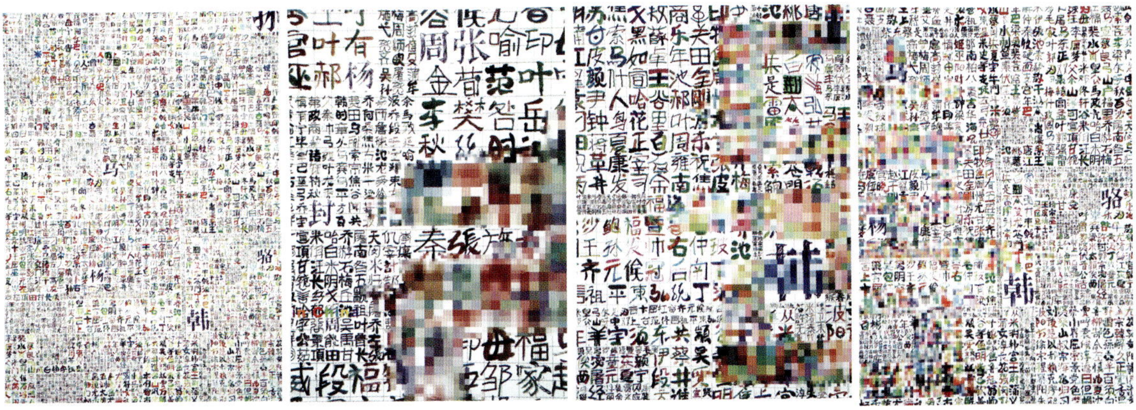

图5−65 汉字编排产生的肌理效果

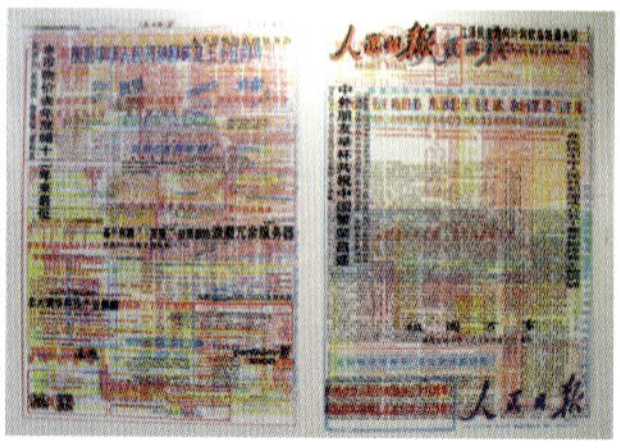

图5-66 汉字叠加产生的肌理效果

图形传达文字更深的思想。人类最初表达思维的符号是图画及进一步的象形文字，虽然象形文字只是一种形态性的记号，目前已不再使用，但在现代编排设计中却反把记号性的文字作为构成元素来表现，形成字画图形。字画图形包括由字构成的物形和把物形加入文字两种形式，前者强调形与功能，具有商业性；后者注重形式、趣味，不特定表述某种含义，而在于可给我们一些创作灵感和启示。

图5-67 汉字叠加产生的层次感

图5-68 春到

图5-69 春夏秋冬

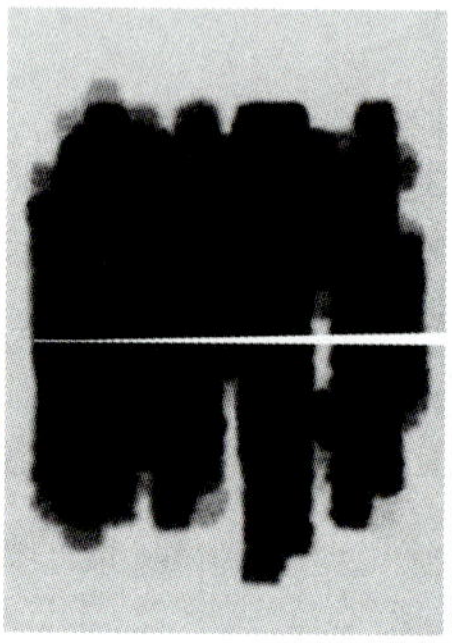

图5-71 节

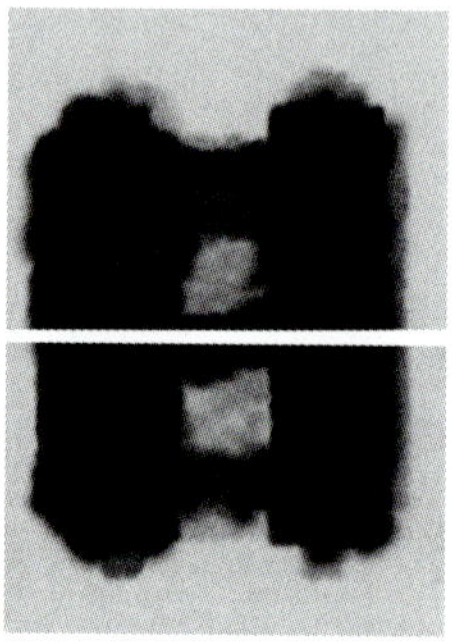

图5-70 日

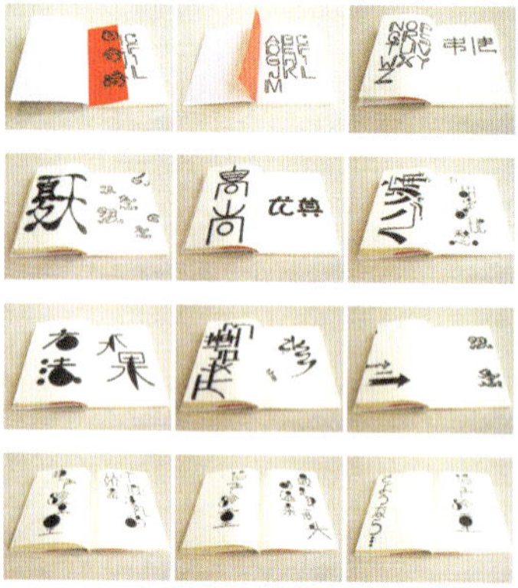

图5-72 汉字字体设计及编排

图5-73 百花齐放百家争鸣——书籍设计

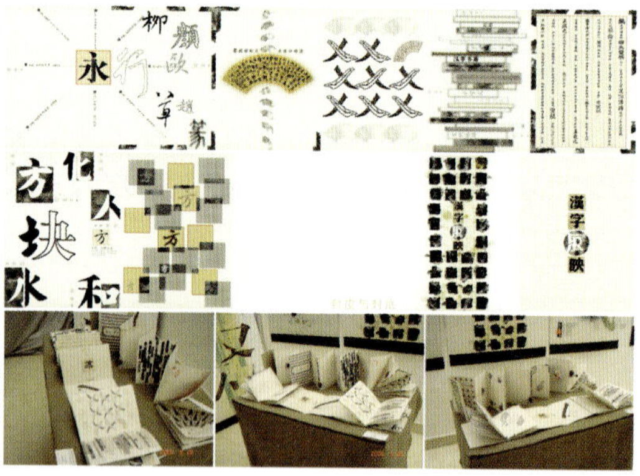

图5-74 书籍内页

本章思考与练习

1.对“永”字和“美”字进行笔形的再设计。

2.任选一个汉字进行笔画的解体，并联想造型，进行创意。

3.尝试汉字字距、行距的变化，对一段文字进行编排设计。

4.任选一种结构的字体进行结构的重组和变化。

5.以汉字为基本设计元素，进行招贴设计，体现汉字的图形性和表达作用。

第6章 拉丁文字的产生与发展

第6章 拉丁文字的产生与发展

早在古埃及，人们就用图像符号和线条的视觉形式来交流思想。古希腊人用线条表示书面符号来传递信息，并创造了文字，英文字母就由此起源。英文中的alphabet就是希腊文中的开头字母alpha和beta。本章节主要概括地讲解以拉丁文字为主体的西文字体的起源、形成、发展及其类型。

第一节 拉丁文字发展历程

◎ 一、抽象图画阶段

刻符：包括陶文和木石上的刻画符号。

岩画：包括岩洞、山崖和其他处所含有表意作用的石壁素描。最古老的岩画大约可以追溯到6000年以前，人们可以从中了解史前古代人类日常生活和宗教活动情况。

刻符和岩画都是分散的单个符号，并不是连贯的字和词，虽然它们的形状和语义具有记忆识别的功能，但不具备文字的第三个要素：读音，一般不认为是文字。

文字画：文字画是指通过画面表达画者的思想意图的图画，是一种具有辅助记事和社会交际作用的文字类型，它使图画开始走向原始文字。图画有些比较简单，有些比较复杂，简单的可以表示个别的事物，复杂的常用来表示一个事件、一种情景。一幅或一组图画，独立地表示整个语段，图形上不划分为单词。因此，它们只再现话语的内容，而不反映语言形式，同样不是文字。

◎ 二、手抄文字阶段

1.两河流域的楔形文字

两河流域指西亚的底格里斯河和幼发拉底河的两河流域平原，是世界古文明发祥地之一，孕育了古巴比伦文明。约公元前3500年，苏美尔人创造了最早的、完善的楔形文字。楔形文字（cuneiform）是cuneus（楔子）和forma（形状）两个单词构成的复合词，也叫“钉头文字”或“箭头字”，是以当地一种粘性很好的泥土制成的软泥板为纸，以小枝干为笔，“压写”为一头粗一头细成楔形状(即钉头状)笔画的文字。苏美尔楔形文字有意符和音符，经过巴比伦人、亚述人、阿拉米人的使用和改造，成为一种半音节文字，对字母的发展有所贡献（图6–1至图6–2）。

2.古埃及的圣书字

古埃及圣书字的创始可能略晚于楔形文字。与两河流域的美索不达米亚文字不同，埃及的象形文字把图形保留到底。在公元前3100年，它已经以发达的形式存在了。古埃及字有三种字体：圣书字(碑铭体)、僧书字(草体)、人民体。古代埃及人把文字看作是神圣的，是上帝的文字，故称为“神圣书体”。

一切古文字都是从图形开始的，古埃及圣书字也不例外。在三种字体中，碑铭体最早出现，在埃及的金字塔和神庙的遗迹中，可以看到碑铭体呈现出优美精致的图形。碑铭体中的“表意符号”，有的代表事物，如圆圈中加一点表示“太阳”；画一个雀表示“雀”；画一条虫表示“虫”。其中，有的近于象形字，有的近于会意字。在创制、发明了圣书字这一文字系统后，古埃及人又在数千年的时间里将其完善，直到能随心所欲地写出所要表达的任何事物，并用这些“约定俗成的文字”记录国家的历史、传递彼此的信息。

碑铭体多用于有关皇室、宗教、葬仪等的记载，需要精雕细刻在神庙墙壁和坟墓的石碑上以及绘写在祭礼器物上，而商业文件、私人书信、文学写稿等所用的文字，要求书写迅速，于是就演化出另一种字体：僧侣体，或称草体。

随着文字应用范围在人口众多的尼罗河三角洲的扩大，符号的简化成为文字发展的必然条件，于是出现了在草体基础上简化的人民体，这是在碑铭体和草体已经存在了2000年以后。人民体的应用一直延续到公元5世纪，埃及文字的最后形式人民体也衰亡了。三种字体虽然是从繁到简、先后承接的关系，但是并没有改变圣书字的三种符号结合而成的复杂结构(图6–3)。

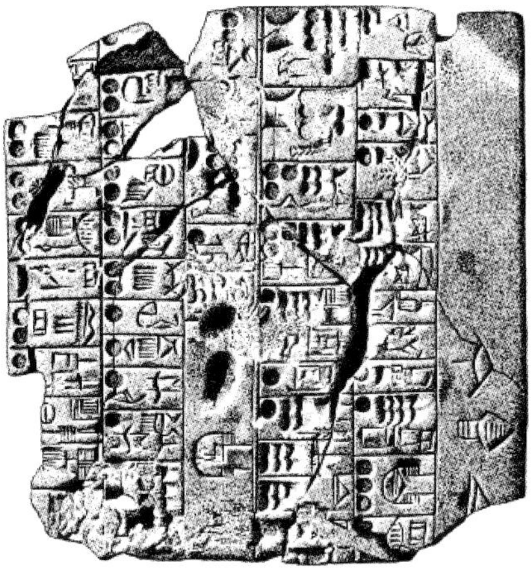

图6–1 来自埃雷克的刻有象形符号的泥板，可能是神庙记账告示。约公元前3500年

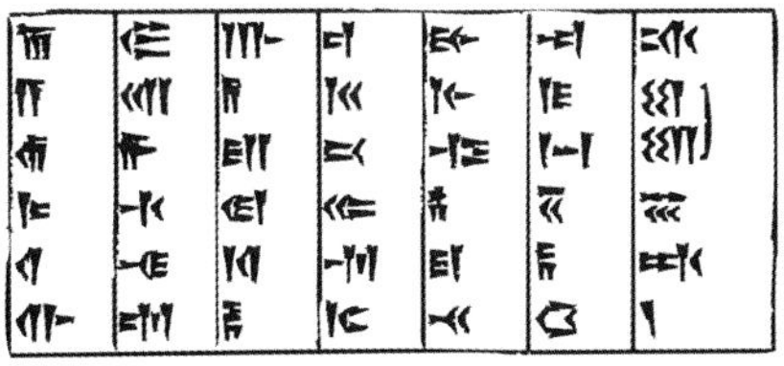

图6–2 早期的波斯音节表。公元前5世纪

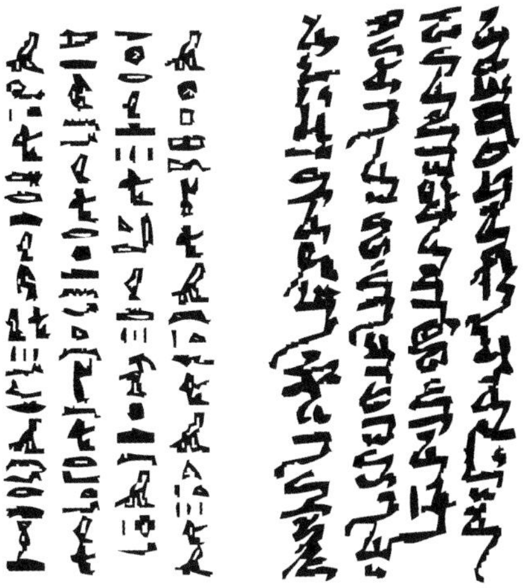

图6–3 用象形文字和僧侣体书写的相同的段落

图6-4　最早的写有拉丁文字的普勒尼斯特的“饰针

图6-5　埃及象形文字

图6-6

图6-7

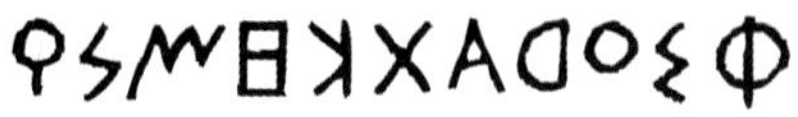

图6-8　古希腊字母

图6-9　古罗马字母

3.拉丁字母的形成

拉丁字母起源于图画，它的祖先是复杂的埃及象形字。经过了腓尼基的子音字母到希腊的表音字母，最后罗马字母继承了希腊字母的一个变种，并把它拉近到今天的拉丁字母，从这里开始了拉丁字母历史有现实意义的第一页。最早的拉丁语铭文出现在普勒尼斯特“饰针”上，它应当是公元前7世纪的产物（图6–4至图6–5）。

(1)腓尼基文

在航运业的发展下，腓尼基人在地中海沿岸建立了许多殖民地。在塞浦路斯、马耳他、撒丁岛和马赛出土了许多从公元前5世纪到公元前1世纪用他们的字母表书写的碑文，同时在迦太基也发现了许多类似碑文。腓尼基字母表逐渐向西传播，最吸引我们的是传说中将“卡德摩斯式字母”(Cadmus)传播到爱琴海地区，腓尼基字母表通过这一方式孕育了最早的希腊字母表，并成为所有西方字母表的祖先。拉丁文字是古代腓尼基字母表迄今最重要的产物，已经成为所有欧洲字母表之父，也是印刷体中“罗马体”(正体)和“意大利体”(斜体)的祖先（图6–6至图6–7）。

(2)古希腊字母

公元前1000年左右，希腊人并没有对腓尼基字母作简单的沿用，而是经过创造性的改革，形成了一个独立的字母系统。希腊人对字母的贡献最重要的是元音字母的创造，将字母增加到24个，并将字母自右向左的书写顺序改为自左向右，这是符合人们用右手写字习惯的。富于美感而崇尚实用的希腊人，把字母的形体改为简单、醒目、匀称、优美的几何图形。这种更改，使字母形体完全摆脱了早期的图形束缚，按照实用和艺术的要求来加工（图6–8）。

(3)罗马字体

公元前700年，罗马人又将字母演变为现在的拉丁字母(罗马字母)。在最初的600年间，拉丁字母只在意大利地区使用，直到公元前1世纪，拉丁字母才开始活跃起来。古罗马人为了控制欧洲，强化语言文字沟通形式，也为了适应欧洲各民族的语言需要，由I派生出J，由V派生出U和W，遂完成了26个拉丁字母，形成了完整的拉丁文字系统（图6–9）。

与古罗马建筑同时产生的在凯旋门、胜利柱和出土石碑上的严正典雅、匀称美观和完全成熟的罗马大写体，使它成为日后所有字体发展的源头。它的特征是字脚的形状与纪念柱的柱头相似，与柱身十分和谐，字母的宽窄比例美观适当，构成了罗马大写体完美的整体（图6–10）。

（4）安塞尔字体oncial

拉丁字母原来没有大写和小写的区别，小写字母是从古代铭刻体(大写体)变化而来的，是为了提高书写速度而形成的。大、小写两体并用，丰富了文字的表达功能。小写体的产生方法主要是省略笔画(如H省作h，B省作b等)和延长笔画(如D延长为d等)。公元4世纪到7世纪的安塞尔字体和小安塞尔字体是小写字母形成的过渡字体，成为罗马人书写和早期基督作品所用的重要书体，字母同大写一样，高度是固定的。之后又出现了半安塞尔字体(half–oncial script)，有些字母一反常规超出了书写线，笔画的上伸和下伸部分都很明显。半安塞尔字体体现了大写体向小写体的过渡，后来进一步发展成为卡罗琳小写体（图6–11）。

（5）卡罗琳小写字体

公元8世纪，为了适应流畅快速的书写需要，产生了卡罗琳小写字体。它比过去的文字书写更快，又便于阅读。卡罗琳小写字体的发展是自罗马字母标准化以来文字史上划时代的事件。从此，现代书写的各种条件已经具备，对于这种字体的形式修改不是从基础结构出发而是为了实用和增加时代感。它作为当时最美观实用的字体，对欧洲的文字发展起到了决定性的作用，形成了自己的黄金时代。卡罗琳小写字体在9世纪和10世纪的欧洲成为标准的书写体并延续使用到12世纪（图6–12）。

（6）中世纪哥特字体

哥特字体是伴随着中世纪哥特式建筑的盛行而出现的。哥特式建筑是11世纪下半叶起源于法国，13–15世纪流行于欧洲的一种建筑风格。哥特式建筑的特点是尖塔高耸，在设计中利用十字拱、飞券、修长的立柱，以及新的框架结构以增加支撑顶部的力量。所以，哥特字体的最大特点是成尖角，挺力向上（图6–13）。

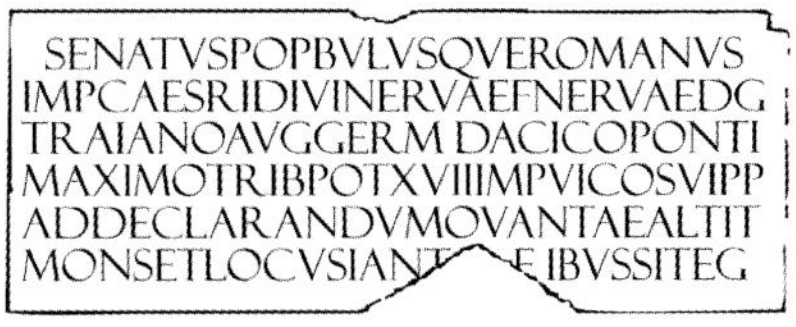

图6–10柱体上的罗马字体

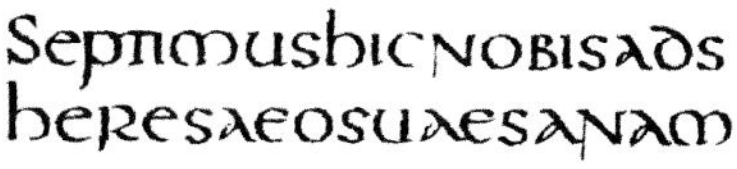
图6–11 安塞尔字体

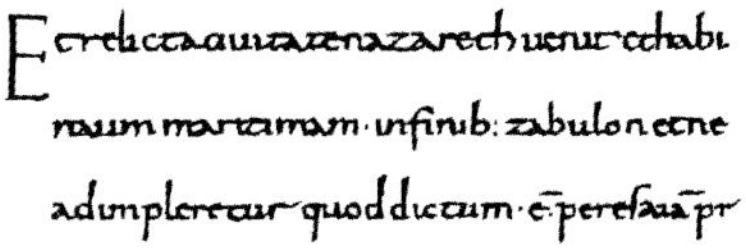
图6–12 卡罗琳小写字体

图6–13 哥特字体

ABCDEFGHIJKL
MNOPQRSTUV
WXYZ abcdefghijk
lmnopqrstuvwxyz
1234567890%.,:;!?&

图6-14 加拉蒙体

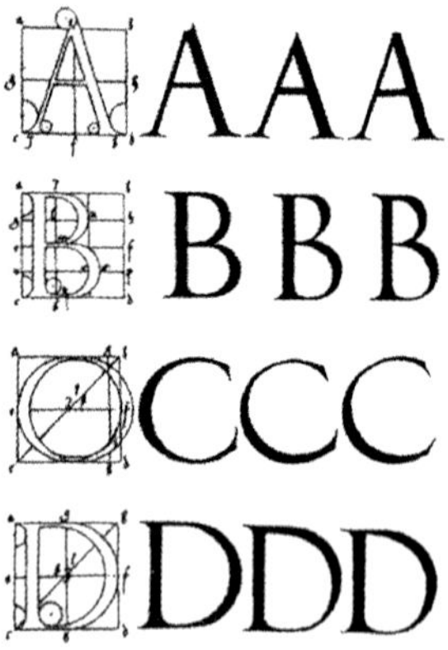

图6-15

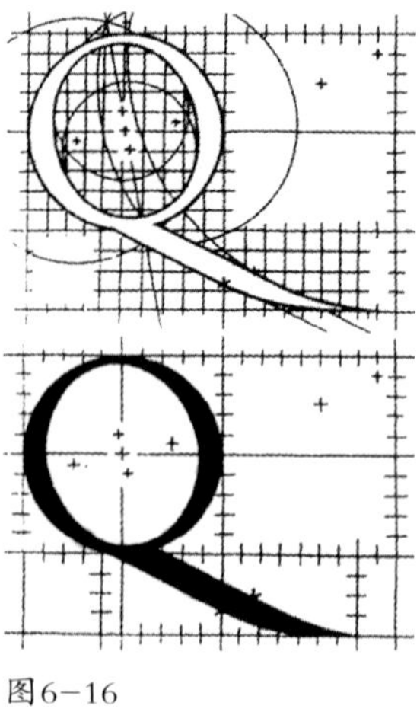

图6-16

◎ 三、早期活版印刷阶段

1.文艺复兴时期字体

欧洲文艺复兴时期，技术与文化的发展、繁荣，迅速推动了拉丁字母体系的发展与完善，也是整个欧洲迈向现代文明的开始。莎士比亚曾说，书籍是全世界的营养品。然而，在人类历史上，这种营养品却一直很奢侈。欧洲人在很长一段时间里一直在羊皮卷上书写，即使造纸术和印刷术出现之后，书籍的成本仍然很高，只有富人、贵族和僧侣才买得起书，信息的传播受到严重限制。15世纪中叶，一个名叫古登堡的德国银匠发明了一种活字印刷方法，并在1455年用它印刷了第一批拉丁文《圣经》。这个事件标志着西方人进入了一个信息迅速、廉价传播的时代，书籍进入了平常百姓的家庭，民智得以开启。书籍的大量需求，促进了文字的发展，丰富了字体的类型。在人们习惯了用小写字体书写后，斜体文字又应运而生，特点是字母向右倾斜。世界上第一套斜体活字是由意大利人梅列福设计的，因此，斜体字也被称为意大利体（Italic）。

法国人加拉蒙在此时流行的卡罗琳小写字体的基础上，对字母的字脚和笔画进一步改进，形成加拉蒙体(Garamond)。它纤细优美的线条与罗马大写字体娴静的形体之间的矛盾得到了完满的统一，成为文艺复兴时期最为著名的字体（图6-14）。

文艺复兴时期是字体风格创造最为繁盛的时期。特别是1525年丢勒对拉丁字母进行了全面科学的改进，以几何的方法归纳字母，使之高度理性化（图6-15）。而在1529年，托利又采用严格的数学方法设计字体，使字母呈现一套规范的系统（图6-16）。

2.古典主义字体(现代罗马体)

18世纪法国大革命和启蒙运动以后，新兴资产阶级提倡希腊古典艺术和文艺复兴艺术，产生了古典主义的艺术风格。工整笔直的线条代替了圆弧形的字脚，法国的这种审美观点影响了整个欧洲。法国最著名的字体是迪多字体(Firmin Didot)，更加强调粗细线条的强烈对比，朴素、冷峻，但又不失机灵可亲。迪多体的这种艺术风格符合了法国大革命的精神，具有现实意义（图6–17）。在意大利，享有“印刷者之王”称号的波多尼(Giambattista Bodoni)的同名字体和迪多体同样有强烈的粗细线条对比，在易读性与字型整体协调性上达到了更高的造诣，至今仍被各国重视和广泛应用（图6–18），它和加拉蒙体、卡斯隆体（图6–19）都属于拉丁字母中最著名的字体。18世纪法国和意大利设计师遵循几何学法则用绘图仪器绘出与古罗马体迥然有别的另类罗马体，被称为“现代罗马体”。

ABCDEFGHI
JKLMNOPQR
STUVWXYZ

图6–17 迪多体

ABCDEFGHI
JKLMNOPQR
STUVWXYZ
abcdefghijklm
nopqrstuvwx
yz1234567890

图6–18 波多尼体

ABCDEFGHI
JKLMNOPQR
STUVWXYZ
abcdefghijklm
nopqrstuvwx
yz1234567890

图6–19 卡斯隆体

◎ 四、现代拉丁文字设计阶段

印刷技术的发展加速了文字设计的多样化，各种符合时代特征的流行字体大量产生。可以说，现代设计所经历的每一次变革都对字体设计的更新和丰富具有推动作用。

19世纪末20世纪初，源自欧洲的工业革命在各国引发了此起彼伏的设计运动，推动着平面设计的发展，同时也促使字体设计在很短的二三十年间发生了许多重大的发展和变化。1864年，以威廉·莫里斯为首领导的英国“工艺美术运动”率先刺激了字体设计。随后的新艺术运动，在艺术和设计领域的革命意义同样深远。这两个运动影响着插图、书籍、出版、海报、广告、服装、家具等方方面面，改变着人们的生活方式和审美标准，由此拉开了现代设计的序幕。它们在设计风格上都十分强调装饰性，而这一时期字体设计的主要形式特点也体现在这个方面（图6–20至图6–21）。

图6–20 1896年莫里斯设计的《吉奥弗雷·乔梭作品集》扉页，是“工艺美术”运动和克姆斯各特出版社登峰造极的作品

图6–21 1892年尤金格拉谢特为“马奎特”牌墨水作的广告设计，彩色平版印刷

20世纪20年代在德国、俄国和荷兰等国家兴起的现代主义设计浪潮提出了新字体设计的口号，其主张是：字体是由功能需求来决定其形式的，字体设计的目的是传播，而传播必须以最简洁、最精练、最有渗透力的形式进行。现代主义也非常强调字体与几何装饰要素的组合编排，从包豪斯到俄国的构成主义设计作品都运用了各种几何图形与字体组合的方法（图6–22至图6–23）。

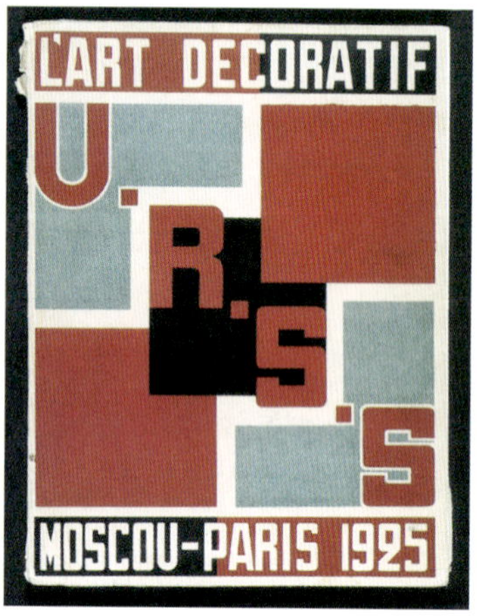

图6–22　1925年 亚历山大·罗钦科创作的《俄国的区域》的海报，并参加了巴黎国际现代工业艺术展

图6–23　1926年朱斯特·施密特为包豪斯《起点》杂志专刊作的封面设计

20世纪50年代到60年代，国际主义平面设计风格开始盛行，以国际字体为基础字体的设计更加精致细腻。随着照相排版技术的发展，字体的组合结构产生了新的格局。60年代中期以后，新的设计流派层出不穷。其目的是反对现代主义设计过分单一的风格，力图寻找新的设计表现语言和方式。在字体设计方面，许多设计家运用了新的技术和方法，在设计风格上出现了多元化的状况（图6–24至图6–25）。

新的文字设计发展潮流中有几种引人注目的倾向。首先是对手工艺时代字体设计和制作风格的回归，如字体的边缘处理得很不光滑，字与字之间也排列得高低不一，然后加以放大，使字体表现出一种特定的韵味。其次是对历史上各种曾经流行过的设计风格的改造。这种倾向是从一些古典字体中吸取优美的部分加以夸张或变化，在符合实用的基础上，表现独特的形式美。如一些设计家将强调曲线的早期新艺术运动的字体加以变化，使其具有光效应艺术的视觉效果。另外产生了不少追

图6–24

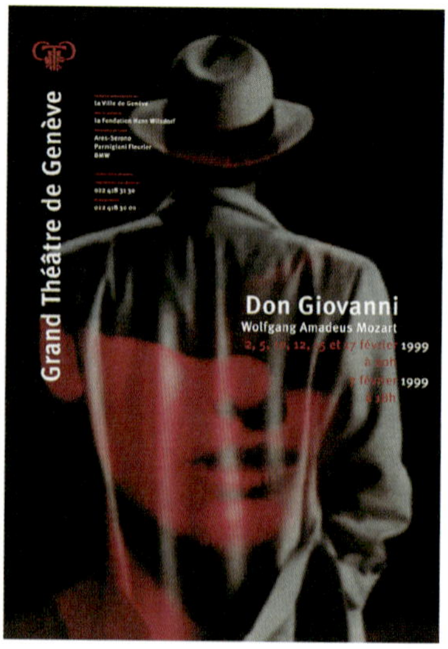

图6–25

图6–24、图6–25 瑞士设计师普杰的作品，典型的瑞士国际主义设计风格。十分讲究网格编排，强调比例协调

求新颖的字体，比如打破了书写常规，创造了新的连字结构；或者追求单纯形式，倾向于抽象绘画的风格（图6–26至图6–27）。

20世纪80年代以来，电脑技术不断完善，在设计领域逐步成为主要的表现与制作工具。桌面排版软件的出现，使字体设计出现了许多新的表现形式。利用电脑的各种图形处理功能，将字体的边缘、肌理进行种种处理，使之产生一些全新的视觉效果（图6–28至图6–30）。

图6–26

图6–27

图6–28

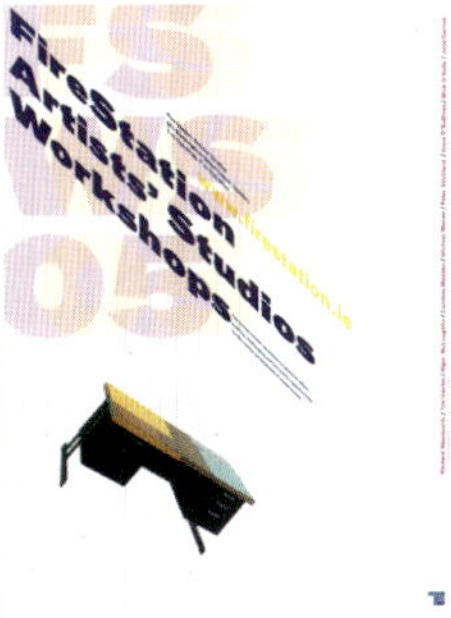

图6–29

图6–30

图6–26 在现代字体设计中的计算机痕迹，这两幅作品一反常规。手绘字体设计显得亲近、随性、诙谐，传达了信息的同时，不至于留下生硬的心理感受
图6–27 设计的时代感往往和科技的进步紧密相联，当设计软件不断更新的同时，设计的形式也开始变得多样，有了技术才有创新的可能
图6–28 初看版面很复杂、凌乱，但标题与正文的色彩、字体选用、字体大小却很好地区分了各个部分的功能
图6–29 倾斜的标题与相对虚幻的背景字体形成对比。背景的稳定与动态的主体文字、图形组合都强调了Workshop的个性
图6–30 字体设计的形式应该多变。这是第六届首尔亚洲海报三年展的海报，在字体上以富有肌理的文字展现出与众不同的个性

第二节 主要拉丁字体简介

◎ 一、书写体

1455年古登堡发明活字印刷后不久，第一套书写体诞生于15世纪六七十年代的意大利。 “Humanist”一词源于15世纪意大利的书法，这些字体已经做好模型可以直接使用。它的另一个名字是威尼斯体（Venetian）。在当时，威尼斯是整个欧洲的印刷首都，自然就成了书写体的故乡。

第一款书写体的特点与15世纪的意大利手抄本所用的字体相仿。由于用的是羽毛中空笔书写，字体强调倾斜。比如超出X字母高度的笔画就具有倾斜的特点，在字母的脚步有装饰线，并且装饰线明显倾斜，字体相对较粗较宽，字母e中的横线笔画倾斜（图6–31至图6–33）。

◎ 二、老式体罗马字体

1495年，最早的老式体出现在Francesco Griffo为威尼斯Aldus Manutius出版社出版的De Aetna书籍里，该字体基本上跟随早期的罗马字体的变化而铸造。这一时期，意大利、法国、英国和尼德兰等国都曾设计过老式体。

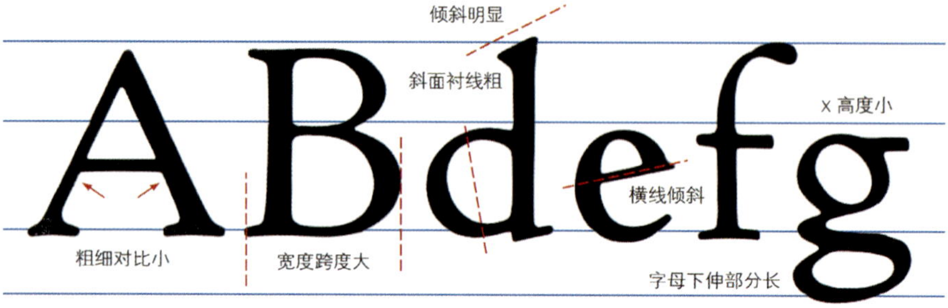

图6-31

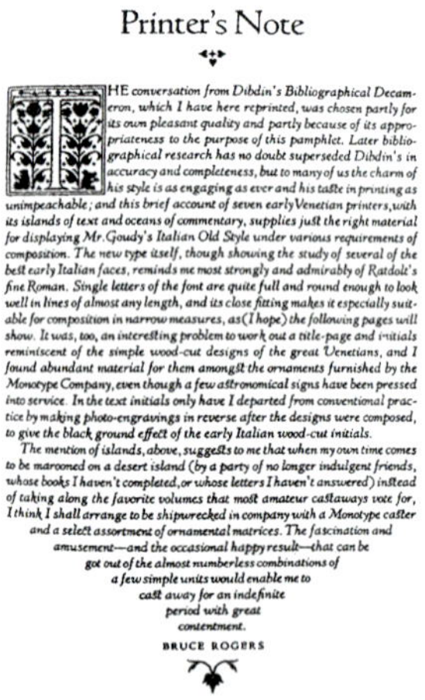

Printer's Note

THE conversation from Dibdin's Bibliographical Decameron, which I have here reprinted, was chosen partly for its own pleasant quality and partly because of its appropriateness to the purpose of this pamphlet. Later bibliographical research has no doubt superseded Dibdin's in accuracy and completeness, but to many of us the charm of his style is as engaging as ever and his taste in printing as unimpeachable; and this brief account of seven early Venetian printers, with its islands of text and oceans of commentary, supplies just the right material for displaying Mr. Goudy's Italian Old Style under various requirements of composition. The new type itself, though showing the study of several of the best early Italian faces, reminds me most strongly and admirably of Ratdolt's fine Roman. Single letters of the font are quite full and round enough to look well in lines of almost any length, and its close fitting makes it especially suitable for composition in narrow measures, as (I hope) the following pages will show. It was, too, an interesting problem to work out a title-page and initials reminiscent of the simple wood-cut designs of the great Venetians, and I found abundant material for them amongst the ornaments furnished by the Monotype Company, even though a few astronomical signs have been pressed into service. In the text initials only have I departed from conventional practice by making photo-engravings in reverse after the designs were composed, to give the black ground effect of the early Italian wood-cut initials.

The mention of islands, above, suggests to me that when my own time comes to be marooned on a desert island (by a party of no longer indulgent friends, whose books I haven't completed, or whose letters I haven't answered) instead of taking along the favorite volumes that most amateur castaways vote for, I think I shall arrange to be shipwrecked in company with a Monotype caster and a select assortment of ornamental matrices. The fascination and amusement—and the occasional happy result—that can be got out of the almost numberless combinations of a few simple units would enable me to cast away for an indefinite period with great contentment.

BRUCE ROGERS

图6-32

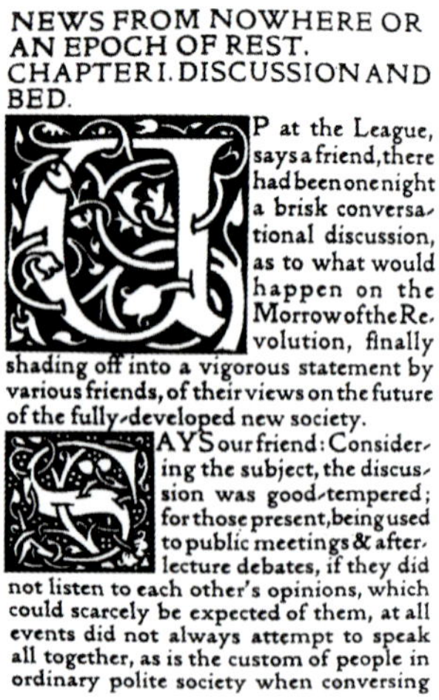

NEWS FROM NOWHERE OR AN EPOCH OF REST. CHAPTER I. DISCUSSION AND BED.

UP at the League, says a friend, there had been one night a brisk conversational discussion, as to what would happen on the Morrow of the Revolution, finally shading off into a vigorous statement by various friends, of their views on the future of the fully-developed new society.

SAYS our friend: Considering the subject, the discussion was good-tempered; for those present, being used to public meetings & after-lecture debates, if they did not listen to each other's opinions, which could scarcely be expected of them, at all events did not always attempt to speak all together, as is the custom of people in ordinary polite society when conversing

图6-33

老式体的笔画受到早期书写体的很大影响。在造型上，老式体的笔画显得更加锐利，润饰更精细，这是因为当时不断更新的工具提高了铸字师的技术水平。这些特点能在最早的一套意大利Aldus Manutius字体中找到。这套字体字母笔画的衬线有更为明显的粗细对比，与手写体相比，笔画没有那么粗糙，字母e中的横线的笔画是水平的（图6—34至图6—36）。

◎ 三、过渡罗马体

1692年，Philippe Grandjean为法国Imprimerie Nationale出版社设计了一套Rome du Roi 字体，与老式体有了明显的差别。这套字体盛行了大约200多年。Grandjean设计的字体与法国的Funier字体和英国的Baskervil字体是典型的过渡字体，它们介于老式体和18世纪后期出现的现代体之间。

18世纪的欧洲拥有铜版印刷的先进技术，印刷的纸张也变得更加细腻平滑——这些有利条件能够制作更加精细笔画和衬线的字体，因而这一时期的过渡体反映了字体设计的更高水平。过渡字体的宽度变窄，笔画的垂直度更大，衬线变得水平而不均等。这些字体的笔画为以后的桌面字体设计提供了参考（图6—37至图6—39）。

◎ 四、现代罗马体

法国人Firmin Didot在1784年设计的罗马体是第一款现代体。三年后，波多尼字体（Bodoni）的出现，虽然与第一款现代体相似，但是作为一套标准的印刷字体，应用非常广泛，直到19世纪它的地位才受到挑战。另一款著名的现代体是Didone字体。现代字体既可被看成是18、19世纪某些字体的复兴，又可被看成是类似原始罗马字体。由于纸张、油墨以及印刷技术的进一步提高，现代字体设计师的造字技术令先前时期的人们不敢想象（图6–40至图6–42）。

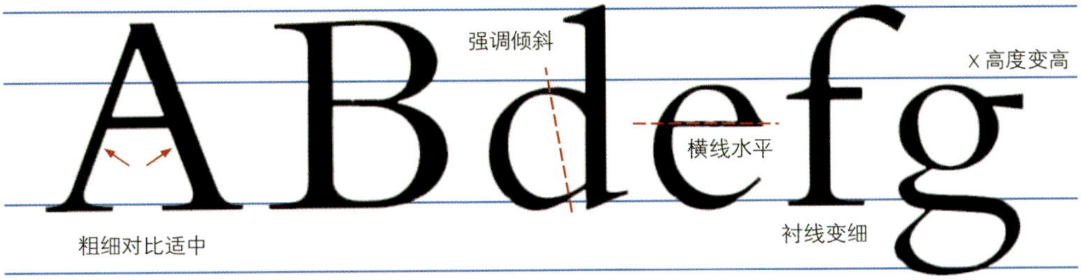

图6–34

图6–37

图6–35

图6–36

图6-38

◎ 五、方衬线体

在经历了长期以罗马柱为特点的衬线体后，早期的方衬线字体出现在1817年的英国，最早应用在广告和其他零散的设计工作中。起初方衬线体只有大写，随后因为阅读需要出现了小写。它的笔画粗细一致，特别是衬线完全不同于新罗马体那样细直，而是呈矩形，极似古埃及金字塔的石块，故人们称它为埃及体。它粗重浑厚、黑白分明，具有醒目的字体效果。在绘写时特别要注意衬线的处理，切忌使衬线与字干的粗细对比过分强烈。其代表字体有：洛克维尔体（Rockwell）、维恩塔体（Vienta）等（图6-43至图6-45）。

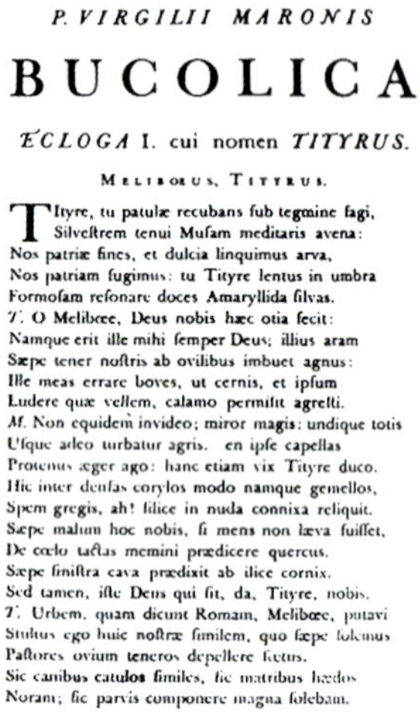
P. VIRGILII MARONIS

BUCOLICA

ECLOGA I. cui nomen TITYRUS.

MELIBOEUS, TITYRUS.

Tityre, tu patulæ recubans ſub tegmine fagi,
Silveſtrem tenui Muſam meditaris avena:
Nos patriæ fines, et dulcia linquimus arva,
Nos patriam fugimus: tu Tityre lentus in umbra
Formoſam reſonare doces Amaryllida ſilvas.
T. O Melibœe, Deus nobis hæc otia fecit:
Namque erit ille mihi ſemper Deus; illius aram
Sæpe tener noſtris ab ovilibus imbuet agnus:
Ille meas errare boves, ut cernis, et ipſum
Ludere quæ vellem, calamo permiſit agreſti.
M. Non equidem invideo; miror magis: undique totis
Uſque adeo turbatur agris. en ipſe capellas
Protenus æger ago: hanc etiam vix Tityre duco.
Hic inter denſas corylos modo namque gemellos,
Spem gregis, ah! ſilice in nuda connixa reliquit.
Sæpe malum hoc nobis, ſi mens non læva fuiſſet,
De cœlo tactas memini prædicere quercus.
Sæpe ſiniſtra cava prædixit ab ilice cornix.
Sed tamen, iſte Deus qui ſit, da, Tityre, nobis.
T. Urbem, quam dicunt Romam, Melibœe, putavi
Stultus ego huic noſtræ ſimilem, quo ſæpe ſolemus
Paſtores ovium teneros depellere fœtus.
Sic canibus catulos ſimiles, ſic matribus hædos
Noram; ſic parvis componere magna ſolebam.

图6-39

◎ 六、无衬线字体

无衬线体的出现和流行与方衬线体几乎是同时的，都是为适应商品宣传的需要而产生的，因此又称现代自由体。它们的共同特点是线条粗重，而无衬线体完全抛弃了饰线，只剩下字母的主线，更显得朴实和整齐。在无衬线体中使用频率最高的字体是赫尔维梯卡体(Helvetica)，或称瑞士体，它是瑞士哈斯(Hass)铸字公司于1957年推出的活字字体，其字形端庄美丽而富于细部变化。此类字体的纵横笔画相同，造型简明有力，颇具现代感，风格类似汉字的黑体，常与汉字的黑体配合，用于

图6-40

图6-41

图6-42

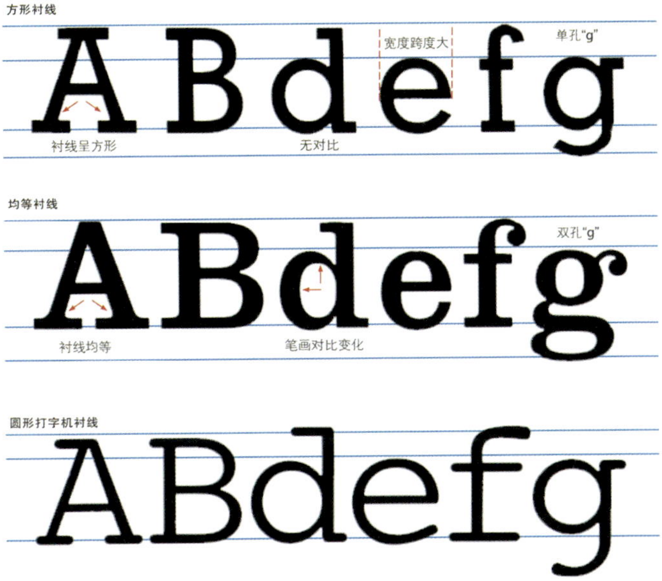

图6-43

图6-44

图6-45

图6-46

图6-47

图6-48

招贴画等广告媒体的大标题。无衬线体可分为三类（图6-46至图6-49）：Grotesques(粗黑无衬线体)，如Franklin Gothic；Geometrics(几何无衬线体），如Futura；Humanists（书写无衬线体），如Frutiger。

◎ 七、变体字体

现代字体在原有字体基础上，又有了丰富的形态变化，种类惊人。比如：特粗体、特细体、装饰体、轮廓体、阴影体、3D体、笔刷体、钢笔书写体、扩张体以及压缩体，等等。变体字体在传播信息的同时，也丰富了人们的情感。这些字体的特征或躁动或安静、或现代或传统、或高兴或悲伤、或高科技或手绘、或坚硬或柔软、或年轻活力或年迈深邃……

对于字体设计者而言，没有比现在更多的选择字体机会了。字体创造的低成本，过去式字体的复苏，字体数码化，桌面排版系统的发展，使得字体的种类呈爆炸性趋势发展。所有这些字体被广泛地应用在商业设计——广告、折页、宣单、海报、包装等设计领域（图6-50至图6-54）。

图6-49

图6-50

图6-51

图6-52

图6-53

图6-54

图6-51至图6-54 这组变体字体显得年轻而时尚，符合现代青年的个性。冒险、多变的心态让字体设计也变得夸张起来

第三节 现代拉丁文字设计

◎ 一、拉丁文字图形设计

文字图形包括由字构成的物形和把物象加入文字两种形式。前者强调形与功能，具有商业性；后者注重形式、趣味，不特定表述某种含义，而在于可以给我们一些创作灵感和启示。

注重文字的编排和文字的创意，是视觉传达设计现代感的一种体现。设计师不应放弃在有限的文字空间和结构中进行创意编排，而应赋予编排更深的内涵，提高版面的趣味性与可读性，克服编排中的单调和平淡。字母不仅仅是标记，还是图像。字体图形化是将文字意象化，以简洁、直观的图形传达文字更深的思想，有意地使字体视觉化，比普通构成词语的字母更有意义。字体图形并不是一种简单的平面设计形式，它还可以加强单词本身的视觉效果。以字体形成的图形符号，由于字体本身能够传达准确的信息，加上它形成的图像也具有意义，是一种双重的含义阐释，起到的传达的作用自然也是深刻的、准确的，同时还打破了单纯字体的单一、枯燥、

图6-55

无味的弊端（图6—55至图6—60）。

◎ 二、装饰性字体

早在维多利亚时期，工艺师们就热衷于用复杂、华贵的字体进行版面设计，而随后的“工艺美术”运动和“新艺术”运动，更是崇尚自然，运用大量的植物、花卉、鸟类等装饰元素进行设计。从建筑、家具、首饰、服装到书籍设计、字体设计、插图创作等平面设计，甚至到雕塑和绘画，无不体现着装饰性。特别是“新艺术”运动突出曲线和有机形态，丰富的卷草纹、曲线的运动成为一时的经典。而21世纪的复古风格的流行，的确也影响着当今的平面设计。

在夏日清凉的街头，我们看到时尚男女身上T恤的图案设计，这经典的装饰风格再一次焕发她独特的魅力。VISION、Vogue等流行时尚杂志更是对装饰风格起到了推波助澜的作用。装饰性字体结合当代的时代背景，其丰富多样、造型鲜明的特点与今天主流消费群体的时尚、张扬、不羁、随性的个性风格十分一致。在流行文化无孔不入的今天，装饰字体还将继续呈现旺盛的生命力（图6—61至图6—65）。

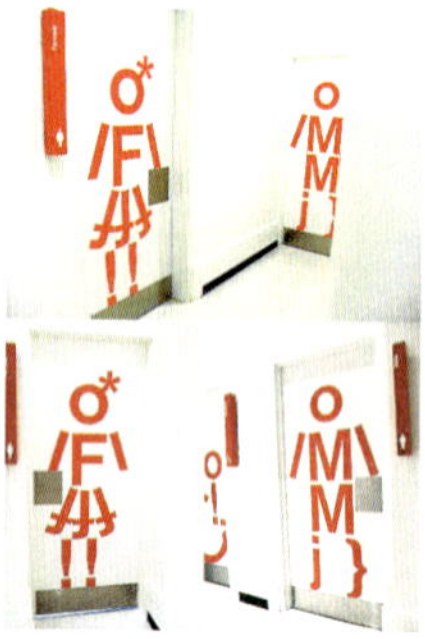

图6—56

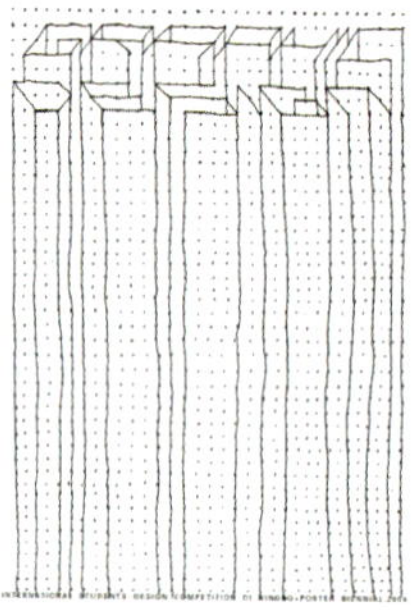

图6—57

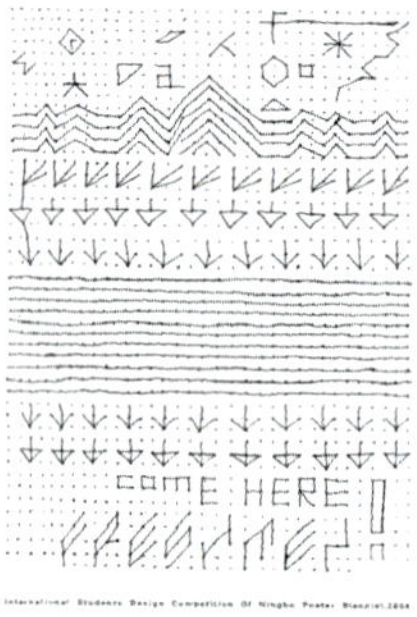

图6—58

图6—59

图6—60

图6—55 文字成了图形的外形，new man与人物（图形）的表情非常有意思，给读者很多想象空间
图6—56 “M”（man）和“F”（female）构成男女的图形非常可爱。字母图形化使得信息传递变得不那么单一无味
图6—57、图6—58 宁波国际海报双年展作品。点、线、面关系的巧妙组织，把设计的要素表现得简单而含蓄
图6—59 日本设计师白木彰的作品。他的作品主要以字体为元素进行设计，有强烈的构成感。或抽象或具象，非常灵活
图6—60 宁波国际海报双年展学生组获奖作品《2005年记事年历》。设计与生活密不可分，有心才能成为好的设计师

◎ 三、品牌字体再设计

即便电脑字库中储备的英文字体已多达上千种，中文字体也有上百种的选择，却始终无法满足设计师对视觉个性与风格多样性的不懈追求。加之商业设计中品牌诉求的识别性特点，要求品牌字体具有独创性，使之与

同类品牌相区分。因此，我们经常可以看到专门为某个品牌精心设计的品牌字体，这些针对企业或产品的特点而专门设计的字体，取代了传统的单纯图形式商标的位置，以标志的身份出现。毋庸置疑，文字的说服力是最

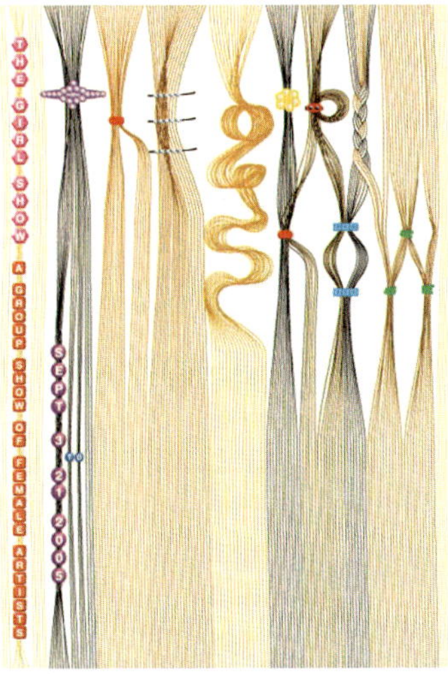

图6-61

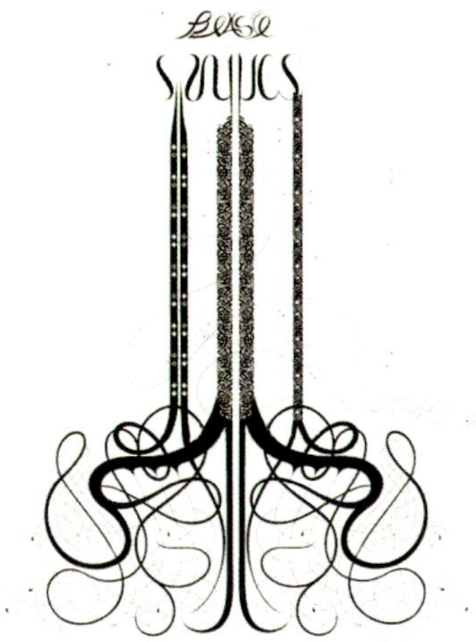

图6-62

图6-63

图6-64

图6-65

图6-61至图6-64 这是一组装饰性字体，通过图形的串联和变化形成的装饰性字体，能够很好的与主题融合。画面因为丰富的装点而变得生动、活泼

图6-65 从中国皮影戏的变化造型中得到启发，在变化中有意组合成26个英文字母。表达了传统和现代、东方和西方的融合主题

清晰准确的，标志更是一目了然，消费者在以文字进行识别的同时会感受到品牌的气质。众多的品牌字体或时尚或传统、或科技或人文、或女性或阳刚，但都一一对应出品牌的特质。正因为品牌字体所具有的这种卓越的识别性与快速的传达力，使它成为了商业设计的宠儿。

除了品牌字体需要专门设计之外，在商业广告设计或平面排版中也经常能够看到一些精心设计过的字体。它们常常被作为广告语或标题的用字，以醒目而极具个性的形式出现，在被作为文字进行信息传达的同时也被赋予了视觉个性，成为画面的焦点之一，也成为品牌整体形象识

别的又一要点。设计师越来越多地将视觉识别功能运用于这一范畴的设计细节上，亦可看出现代设计对于个性化表现的要求（图6–66至图6–67）。

图6–66至图6–67 从图中可以看到，越是大型企业越重视自身的形象塑造。随着时代的变化，公司的LOGO也在不断改进

图6–66

图6–67

◎ 四、多元化拉丁字体设计

当设计进入计算机数码时代，设计呈现一片多样、繁荣的现象。字体设计通过计算机数码软件变得容易和有趣，以往明确的设计分类似乎在当下已经变得模糊，平面设计已经不局限在传统的纸质的二维世界里。借助建筑式的风格和立体化文字为基础的设计，给人眼前一亮的视觉新体验——原来设计还可以这样。

多元化拉丁字体设计让我们重新思考设计及其媒介以及与此相关的新领域。当字母摆脱印刷的纸面而得到解放，字体设计首先便聚焦在立体空间上。设想一下，将传统的字体设计变成一种街头艺术，这种独有的方式肯定能让更多的人爱上设计，影响更多人对设计的关注，从而起到培养全民设计观的积极作用。

如今，文字正在模仿其自身，并且变得更有创造性，更富于动感。只要打破定向思维的固有模式，在数字时代背景下，三维立体创意就可以引发更多学科融合。平面设计越大胆，就会对公共空间、建筑、游戏、人体艺术、舞蹈等无数学科呈现更加多样的面貌（图6–68至图6–75）。

图6–68

图6–69

图6–70

图6–71

图6-72

图6-73

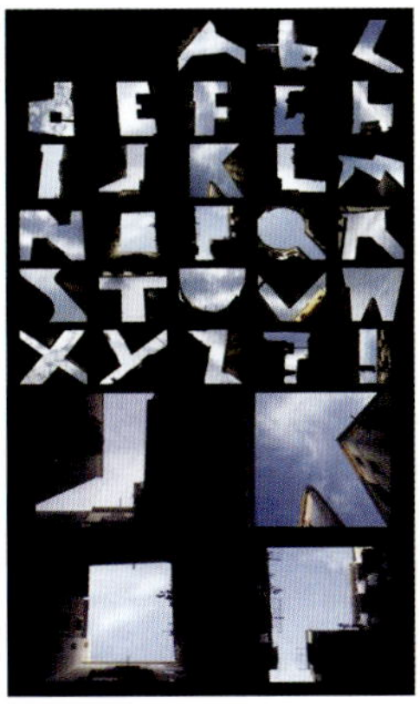

图6-74

图6-75.

图6-68至图6-75 平面设计的外延在扩大，字体在三维空间中不断运用。进入21世纪以来，设计的范畴因学科交叉而不断混沌。平面设计、视觉传达设计、视觉设计、观念艺术等，如今设计的元素能够被艺术家们随意利用并创造出别样的作品

拉丁文字分类（简表）

字系	种类/别名		备注		时期	适用
罗马体字系 Roman	古罗马字体 Old Roman	威尼斯体 Venetian	古罗马体创始者法人简森于意大利威尼斯所创	最普遍，相当于中文字体的宋体	1469年	
		加洛蒙体 Garamond	法人克劳帝·加洛蒙设计		16世纪	
		卡斯龙体 Caslon	威廉·卡斯龙设计		18世纪	
	过渡式罗马体 Transitional		介于古罗马体与现代罗马体之间			
	现代罗马体 Modern Roman	迪多体 Didot	早期现代罗马体代表，横粗直细，对比强			
		波多尼体 Bodoni	印刷界使用最多。波多尼：现代罗马体创始人		1788年	
方衬线体字系 Slab Serifs	洛克维尔体 Rockwell		粗细：衬线=笔画	命令感	19世纪	标题
	维恩塔体 Vienta		衬线与笔画间稍有转角			

<table>
<tr><th>字系</th><th colspan="2">种类/别名</th><th colspan="2">备注</th><th>时期</th><th>适用</th></tr>
<tr><td>草体字系
Script</td><td>宫廷草体/手写体</td><td></td><td>流行自由曲线的影响盛行</td><td></td><td rowspan="2">17～18世纪巴洛克、洛可可</td><td>化妆品、服饰、浪漫场合</td></tr>
<tr><td>装饰体字系</td><td></td><td></td><td>流行自由曲线的影响盛行，字上加图</td><td></td><td>文章首字、招牌、海报主标题、报纸刊头</td></tr>
<tr><td rowspan="3">无衬线体字系
Sans serif</td><td>Grotesques
粗黑体</td><td>Franklin
Gothic；</td><td></td><td rowspan="3">较普遍，相当于中文的黑体</td><td rowspan="3">19世纪工业时代</td><td rowspan="3">标题
交通标志</td></tr>
<tr><td>Geometrics几何体</td><td>Futura</td><td></td></tr>
<tr><td>Humanists</td><td>Frutiger</td><td></td></tr>
<tr><td>现代变体</td><td></td><td></td><td colspan="2">多达1000套</td><td></td><td></td></tr>
</table>

本章思考与练习

◎ 第一节

1.收集相关拉丁文字起源与发展进程的资料，加深理解，为拉丁文字的设计打下坚实的理论基础。

2.把拉丁字母设计与现代平面设计的发展历程相结合，了解现代设计运动流派如何进行字体设计，并充分认识文字在平面设计中的地位与功能。

◎ 第二节

通过临摹书写体、老式体、过渡体、现代体、方衬线体、无衬线体等字体，综合地比较它们的区别和联系。

◎ 第三节

当今设计的形式丰富多样，结合教材内容，收集相关资料，树立现代字体设计创新观念。

第7章

拉丁文字的特点与规律

第7章 拉丁文字的特点与规律

本章主要从拉丁字母的形体笔画和组合规律入手，比较详细地讲解在设计和运用拉丁文字时需要注意的问题。

第一节 拉丁文字的形体与笔画

◎ 一、字母基本结构型

A：罗马体的头部尖端，要略为突出于大写字线之外。右上至左下用细线。中间横线位置适中，如果太高，中空三角形太小，就会有窘迫感。

B：这个字可分为上下两部分。一般来讲字符要窄一点，上部幅度比下部小一些，这样有安定感。

C：圆曲线要略为突出于大写字线和基线之外，否则字形会显得矮小。

D：要注意从上到下的圆弧。圆曲中央厚度要比干线略大一些。

E：中间横线要略为提高。罗马字的横线切忌过长，无衬线体的中线则要比下上线细一点。

F：字符和E字相同，但要略为窄一点较好。无衬线体的中间横线稍为细一点。

G：与字符C一样，圆曲线略超出大写字线及基线。罗马体右下的短干线，比圆曲线中央厚度略小些。无衬线体右下部成垂直的形状。

H：字符中间横线稍高。罗马体的衬线，要做到两边等量伸展。字符外侧衬线应该伸展到框格外一点。

I：这是最简单的字。罗马体的衬线略粗于其他字，下部衬线要比上部衬线稍大一点，以增加稳定感。

J：罗马体中，弧线要伸到基线下面去。线珠的形状有多种。无衬线体的下部不可伸离底线太多。

K：罗马体的上部斜线用细线，和干线的交点应略低于干线的中点。无衬线体的右边成“<”形，有些类似于罗马体。

L：字符较大，注意与右侧邻字的空间，不要使中间空间过于宽阔。无衬线体的下横线，要比干线略细。

M：罗马体中的倒三角形尖端直抵基线，也有略为突出基线的，左侧竖线用细线。无衬线体也有两侧用竖直线的。

N：罗马体的两竖线均为细线，以求均衡。斜线左上方要有伸出左方的干线，斜线下部尖端则略为突出底线，无衬线体的斜线要比竖线略粗一点。

O：圆曲线上下部都要略为伸出线外。罗马体中有些 O字中轴是倾斜的，不过一般以竖直为正规。

P：中横时和干线接连处要稍低于干线中点。圆曲中央的厚度要比干线略大。

Q：该字符是O字带尾，根据字体的不同，尾部的形态各有变化。字尾要伸出基线。

R：字符的斜脚形态多样，多数是直线或轻滑曲线。罗马体的斜脚尖端有时上挑。

S：上部和下部大体对称，但下部要略比上部大，下部的圆曲比上部更向右伸展，而上部圆曲线和下部收尾处对齐。罗马体的脊骨，要比其他字干线粗点，但无衬线体却细些。

T：罗马体字臂两端的衬线有垂直的，有略斜向下的。无衬线体一般要求是字幅窄，横臂厚于干线。

U：罗马体左竖粗于右竖。下面圆曲均要突出基线下面一点。

V：罗马体的倒三角形的尖端略为突出基线下面。左侧斜线粗于右侧。

W：罗马体的W是两个V字的叠合形体，而无衬线体则是两个V字相结合的。有些罗马体仅左右有衬线，中央是尖顶；有些则把左边和中央视线连起来。无衬线体中间的两斜线多数都比两侧斜线细一些。

X：字符的斜线交叉点，比中央位置略高。有些罗马体的右上到左下的细线，并不是一根直线，而是中间错开一点的两段直线，以修正视线的错觉。

Y：字符的交接处，比中央略低一点。无衬线体的斜线比竖线略右一点儿。

Z：罗马体的斜线用粗线。下面横线比上面的略长一点，以增加稳定感。无衬线体也是如此。衬线可垂直或稍斜向外（图7–1至图7–3）。

图7–1

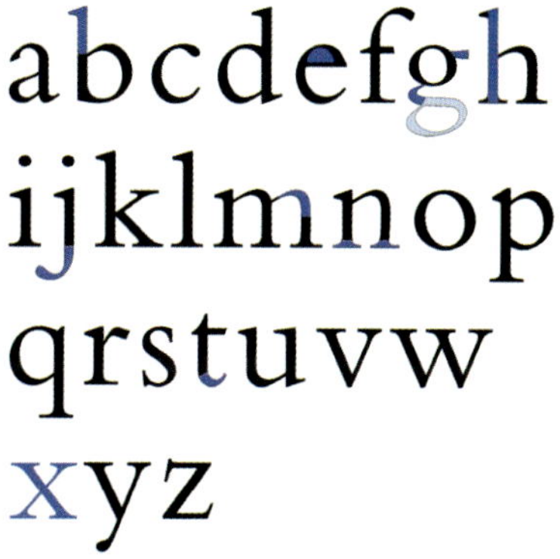

图7–2

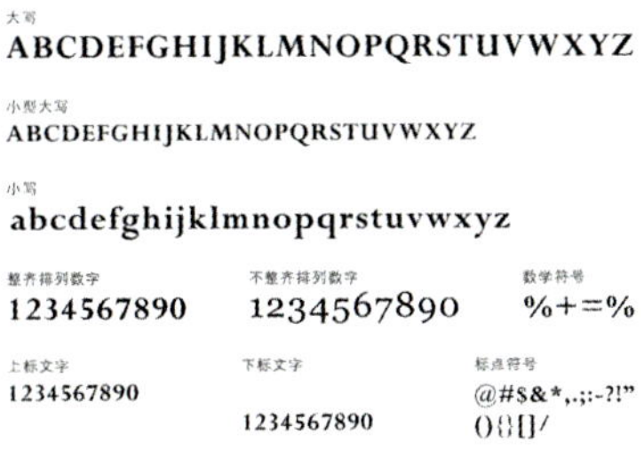

图7–3

图7–1、图7–2 罗马体字的笔画特征变化
图7–3 一套字体一般包括大小写字母、数字、连字符号、标点符号、特殊符号、数字、注册符号等

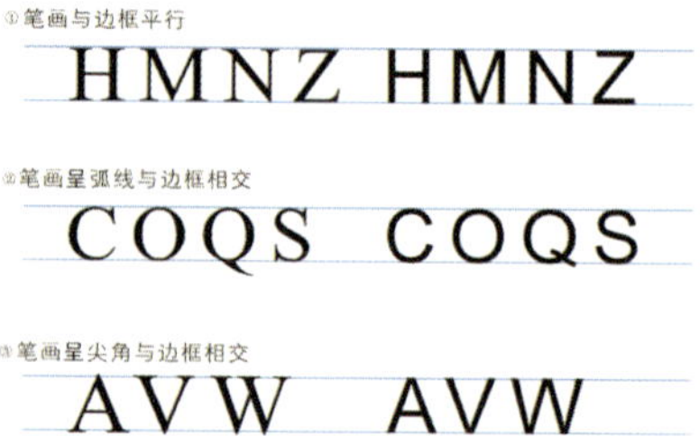

图7-4

◎ 二、拉丁字母分类

虽然拉丁字母的字形没有汉字字形那么复杂，但通过对26个字母的分析，我们可以把拉丁文字大写字母分为三种典型的类型。这三种字母类型在实际占有空间上的不同，产生了视觉感受上的不同：

1.笔画与边框平行

笔画与边框平行类型，占有最大的有效空间，如：H、M等。

2.笔画呈弧线与边框相交

笔画成弧线与边框相交类型，占用的有效空间有限，包括O、Q等。

3.笔画呈尖角与边框相交

笔画成尖角与边框相交类型，只有部分有效空间，包括A、V、W等。

由此看来，为使字形在视觉上匀称，必须按以下要求进行调整：圆弧形的上下两端要略为伸展，圆周形则左右两端也要相应伸展；三角形的上下端尖角或略为伸展，或作切角处理。O、Q、C、G、S、U上下端的圆弧均超出字框少许，其中O、Q因是圆周，其左右端也相应地超出字框；而A、M、N、V、W上下端的尖角也要超出字框少许，或作切角处理，以利于整个字形的舒展。以上要求同样适用于小写字母与阿拉伯数字（图7-4）。

第二节 拉丁文字的结构与比例

◎ 一、线性变化

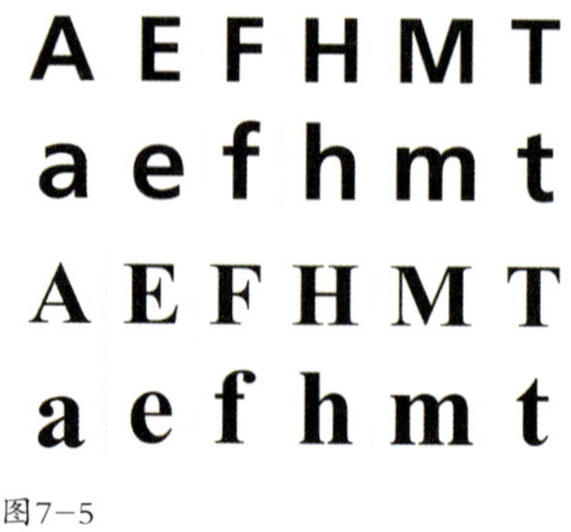

图7-5

字母的特征是直线或曲线笔画的平行或交叉组合所构成的“基础形式”，区别在于直线与直线、曲线与曲线或直线与曲线的组合而形成的各个字母。线性越单纯，其变化越小，如大写字母“H”与“A”。通常小写字母在间架结构之间有更多的变化，因为在小写字母中只有很少几个字母有直线笔画的结构，我们可以比较一下A、E、F、H、M、T和a、e、f、h、m、t（图7-5）。小写字母之所以有较多的结构特征和形式，是因为有笔画上伸和下伸部分的附着形式和像e、h的弧线。在每一套字式中，最关键的是“O”的间架结构（图7–6）。它可以像古曲罗马体中是正圆的，也可以像斜体字中是椭圆的。“O”的圆形和椭圆形曲线为其他字母中的所有曲线笔画固定了模式。它可以直接转换成C、D、G、Q，还可以控制B、R、P闭合曲线的形状以及U的下部曲线和S的回环，同时也支配着h、m、n的拱起部分。当遇到斜笔画A、K、N、V字母时，角度的把握必须谨慎，它可以使形式劲健舒展，不至于有受挤压或过于开张的感觉。“O”作为间架结构而成为字式的模式，而“I”则提示了竖笔画在顶端和底部结束的方式，它决定了字体衬线的线性变化的风格及无衬线的字式系统。在罗马体中，字体的比例与装饰线有严格的数学规范（图7–7至图7–8）。

图7–6

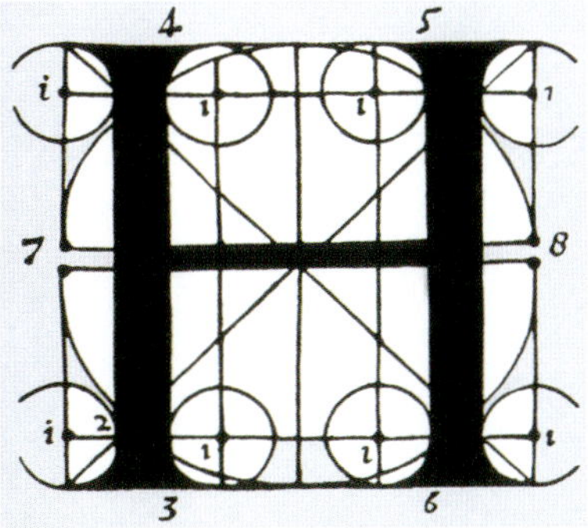
图7–7

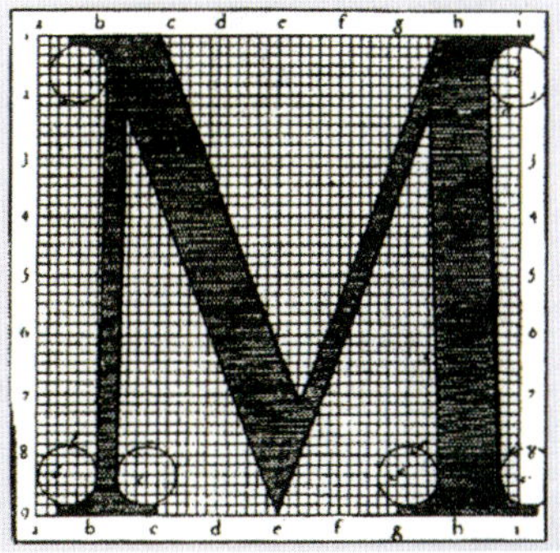
图7–8

◎ 二、比例关系

1.高度的比例关系

拉丁文大写字母的高度是一致的，而宽度不一致，小写字母的高度、宽度虽然都不一致，但其高度的错落是有规律的。因此，拉丁字母尤其是小写只适于横写而不适于竖写，当然还有一个西方人阅读习惯的原因。其横写的规律，比较集中地反映在四条平行的横线上：顶线(即上升笔画线)、肩线(即高度线)、基线(即基础线)、底线(即下降笔画线)。大写字母下接基线、上达顶线；小写字母则被四条线划分为三个部分：顶线至肩线为上部，肩线至基线为中部，基线至底线为下部（图7–9）。

图7–9

当使用小写体时，会由于笔画的上伸和下伸部分而有高度的变化，因此，有必要固定字母的基体高度和笔画上伸和下伸部分的相对比例。印刷体的基体高度称为“X高度”，即：小写字母超出字母X的部分。在大写和小写的相对比例上，大写的全高度等于小写字体的基体高度加笔画上伸部分。笔画下伸部分书写在基线以下，长短同笔画上伸部分一样。当然，这种比例方法只是某些固定的参照点。有些字式正是打破了这种比例，才凸显出其独特的视觉特质（图7-10）。

2.宽度的比例关系

由于拉丁文自古以来都是横行排列的，因此字的高度可以做相应的规定，而字母的宽度则因字而异。在真正描绘字体时，为了创造视觉平衡，应该适当调节字母与字母之间的适度差异。比如：I、N、M这三个字母宽度就有很大的区别，B、E、F、K、L、P、R等字母也存在着不对称性等（图7-11至图7-13）。

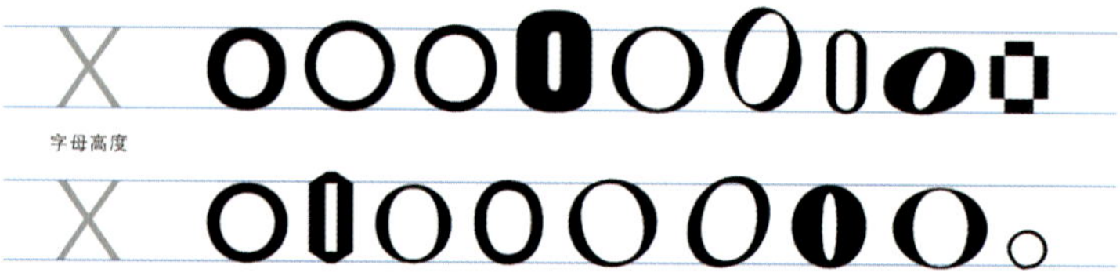

图7-10 虽然拉丁字母只有26个，但是它的变化却丰富多样。每套字体的比例结构各不相同，在设计时应该考虑每套字体的特点

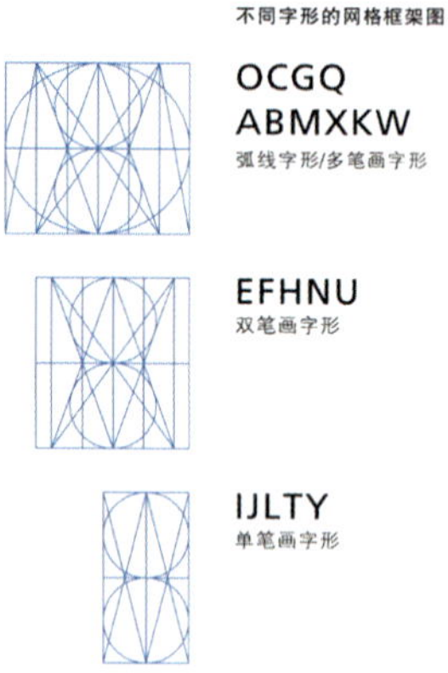

图7-11

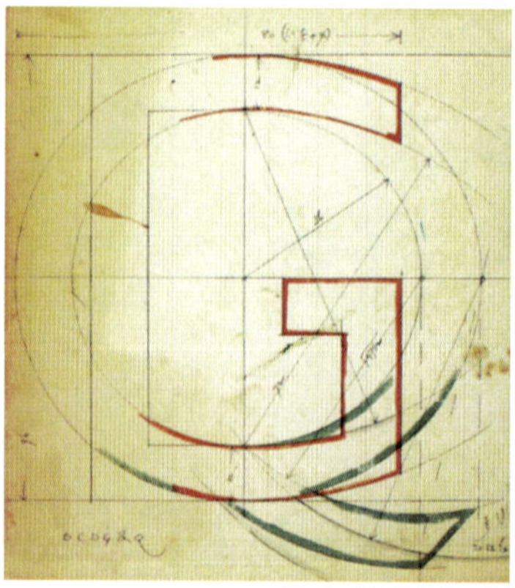

图7-12

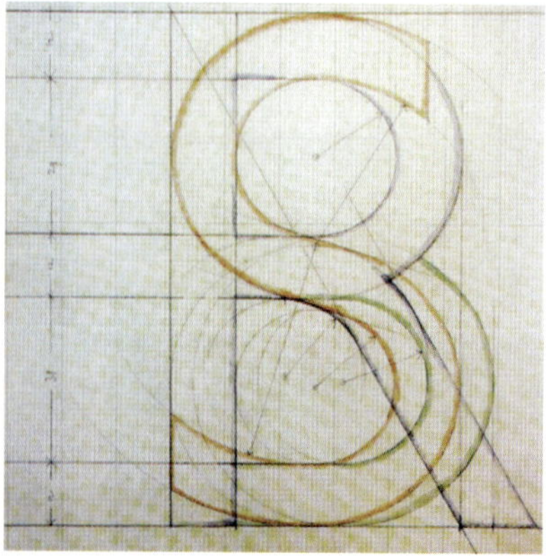

图7-13

第三节 拉丁文字的间距、行距

◎ 一、间距

字母与字母、单词与单词的距离是否适当，直接影响到字体的美观、节奏感和阅读的流畅性、清晰度。将每个字母都装进一个符合各自大小的矩形框内放在一起，方框之间留出相同的间距。尽管字形的宽度已做了调整，但字母本身形状的不同却无法回避。以大写字母为例，H和E放在一起，强烈的竖笔画会明显地缩小它们之间的间距；而字母A和P斜、竖线会造成间隔的不匀称；I字母由于字形十分窄，特别是旁边不是竖笔画时，在两侧的字母间它会显得不相连地浮动（图7−14）。

在间隔距离的处理上，衬线体要比无衬线体更复杂，因为每一种字体会因其衬线的改变而有不同的变化，需要从视觉角度作相应的调整。一般来说，桌面排版系统已设定有正常的、合理的间距，但有时为了设计出有个性字体时，也可一反常规，而采用疏间隔或无间隔重叠的形式，以达到一种出人意料的特殊效果。通常情况下，词距有更正规的标准。大写间距大致以字母O的宽度稍稍缩小作为通行的标准；而小写字体则可把字母n作为词距（图7−15至图7−17）。

线性文本中的数词通常需要调整间距，它们的固定宽度才能相同，在列表中垂直的空间通常需要减少，而0两旁的空间可能需要增大。文本中设置的任何数词串都将需要调整间距（图7−18）。

根据字体的密度，标点和括号后的间距经常需要调整。句号和逗号有时需要拉近与前面字母的距离，特别当前面的字母是r，v，w和y时。小写斜体f与罗马标点连用：f'、f!、f）和f]，以及小写斜体：j、j'、j!、j经常需要调整间距。根据字体的类别，分号或冒号与后面的字之间的距离通常可以减少一些，问号和感叹号与前面的字之间的距离需要拉大一些，并且根据字体的类别，还可以比冒号或分号与前面的字之间的距离更大一些（图7−19至图7−21）。

图7−16、图7−17 连字的意思是“绑在一起的字”。连字是由两个或三个字符经过特别设计连接在一起的单一字符。例如，在大部分字体中，f的“胳膊”会侵入下一个字符的空间，这样就会很难看。双元音是代表一种发音的连字

间距

tight word and letterspacing

normal word and letterspacing

loose word and letterspacing

图7−14

图7−15

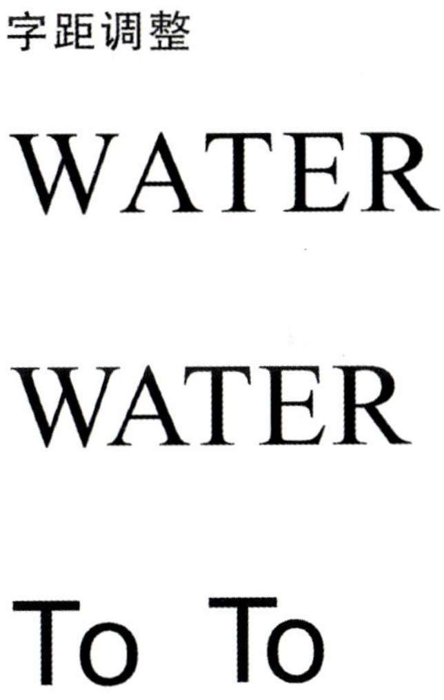

图7−16

AT AT	AY AY	AV AV	AW AW
Ay Ay	Av Av	Aw Aw	FA FA
TO TO	TA TA	Ta Ta	Te Te
To To	Ti Ti	Tr Tr	Tu Tu
Ty Ty	Tw Tw	Ts Ts	Tc Tc
LT LT	LY LY	LW LW	Ly Ly
PA PA	VA VA	Va Va	Ve Ve
Vo Vo	Vi Vi	Vr Vr	Vu Vu
Vy Vy	RT RT	RV RV	RW RW
RY RY	Ry Ry	WA WA	Wa Wa
We We	Wo Wo	Wi Wi	Wr Wr
WU WU	WY WY	YA YA	Ya Ya
Ye Ye	Yo Yo	Yi Yi	Yp Yp
Yq Yq	Yu Yu	Yv Yv	

图7−17

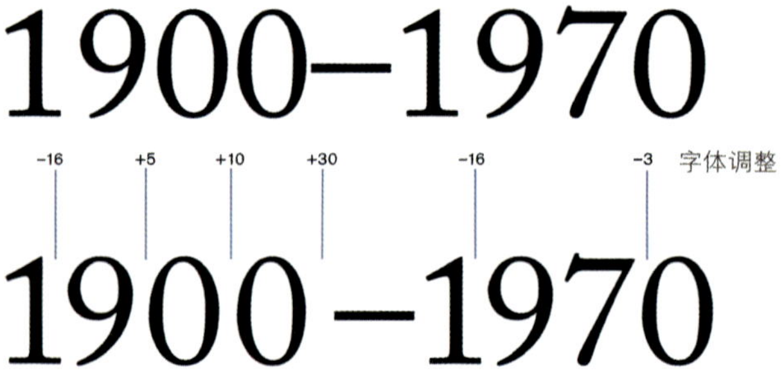

图7-18

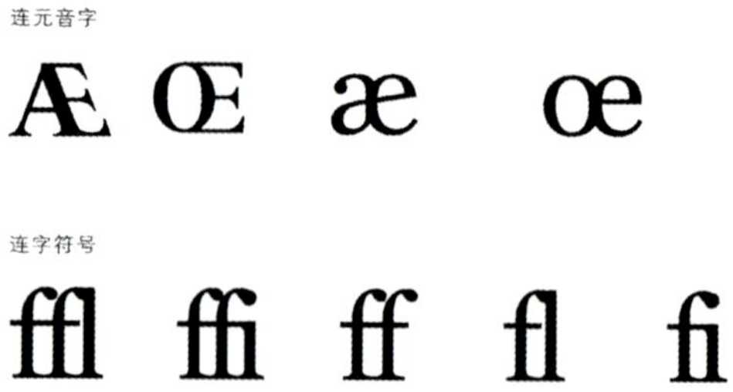

图7-19

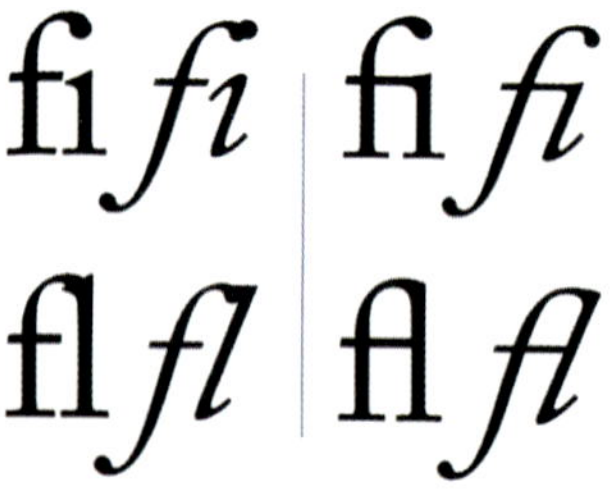

图7-20

图7-21

◎ 二、行距

行距的宽窄直接影响着读者的阅读效率。行距过窄，上下文字互相干扰，没有空白来引导视线，目光难以逐行浏览；而行距过宽，太多的空白使文字不能有较好的延续性。这两种极端的排列方法，都会使读者在阅读长篇文字时感到疲劳。一般来说，如果字的大小为10点，则行距为12点。也就是说，保持字的大小与行距为5：6的比例，以达到良好阅读的效果。 然而，根据设计主题的不同，行距的比例也不是固定不变的。娱乐性、抒情性的文字，可以适当加宽行距，体现轻松、活泼舒展的特点。

当然，在现代设计丰富多样的前提下，上述常规的做法也不都能起到良好的作用，有时为了纯粹的版式效果，传达一种观念性的设计效果，可以加宽、缩减行距，以达到空间的层次感。总之，文字需要用心来设计（图7–22至图7–29）。

图7-23

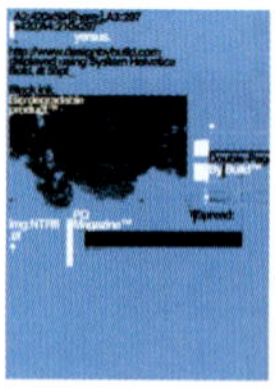

图7-24

图7-25

图7-26

图7-23至图7-25　这组作品中字体的行距比较规整，特别在报刊设计中，文字的版式要显得严谨

图7-26至图7-29　在个性的艺术创作中，设计可以灵活多变，以展现设计师的个性与情感心理

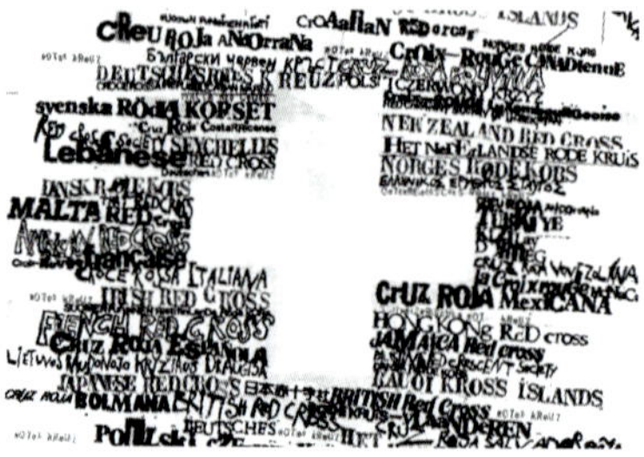

图7-27

图7-28

图7-29

规范的字体设计比装饰性的字体更加清晰，易读。	legibility	legibility
衬线字体比单一的无衬线字体更加清晰，易读。	legibility	legibility
小写字体比大写字体更加清晰，易读。	legibility	LEGIBILITY
如果字母间距和单词的间距过紧或者过松，都将削弱字体的清晰度和易读性。正确的字体间距取决于所用字体的特性。	The key consideration when choos The key consideration when T h e k e y c o n s	
过小或者过大的字号都会降低字体的可读性，使读者感到不舒服甚至产生视觉疲劳。	legibility legibility legibility	le
当段落的长度过窄，读者会因为频繁地转行，而感到视力疲劳。如果过宽，又会觉得很难找到下一行开始点的位置，也不利于阅读。	The key consideration when choosing a typeface for	The key consideration when choosing a typeface for continuous text is legibility. By legibility, we mean the ease by which the words can be read with comfort at normal reading speed, and there are many factors that can affect it.
	The key consideration when choosing a typeface for continuous text is legibility. By legibility, we mean the ease by which the words can be read with comfort at normal reading speed, and there are many	
行距过窄或者过宽也会降低字体的可读性。	The key consideration when choosing a typeface for continuous text is The key consideration when choosing a typeface for continuous text is	The key consideration when choosing a typeface for
中度粗细的字体比细体字和粗体字更加清晰，易读。	legibility legibility	legibility
未调整过字母间距的段落比字母间距变化的段落更加清晰，易读。	The key consideration when choosing a typeface for continuous text is legibility. By legibility, we mean	The key consideration when choosing a typeface for continuous text is legibility. By legibility, we mean
经过装饰的、边缘粗糙的字体的识别性会降低。	legibility	legibility
白底黑色的字体比在其他颜色上的黑色体更加清晰，易识别。	legibility	legibility

图7-22

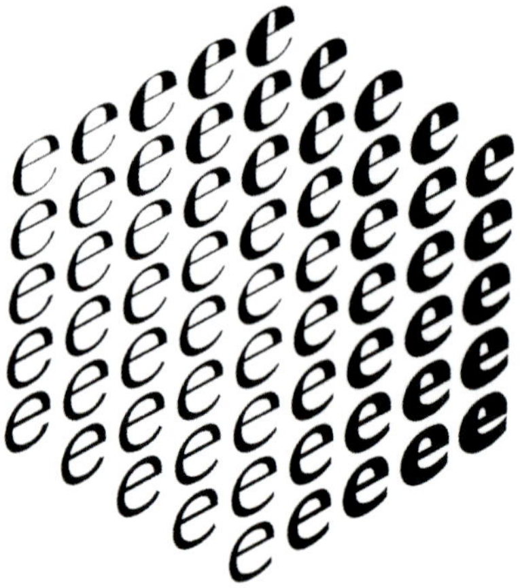

图7-30

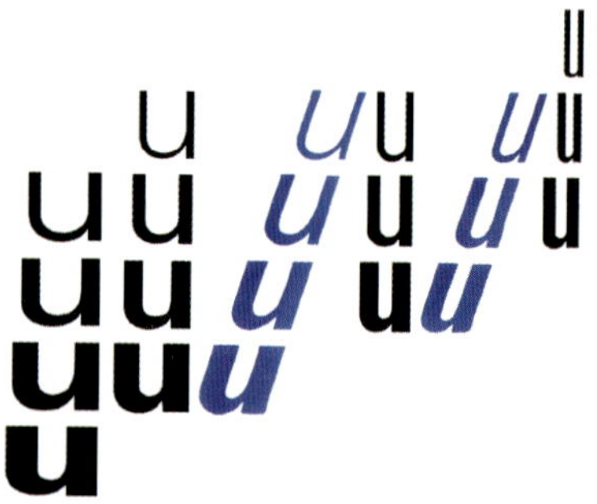

图7-31

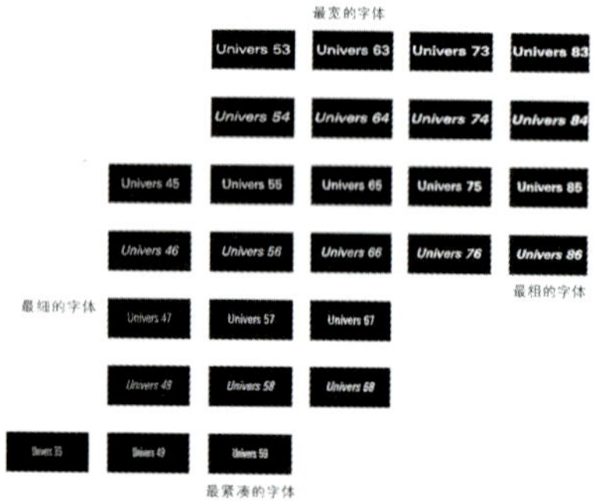

图7-32

图7-30　由赫里特努德奇（Gerrit Noordzij）设计。现代数字技术丰富了字体形态

图7-31　Univers字体具有多样性和广泛的用途。在手工排字、机械排字和照相制版等方面几乎全能胜任。图中反应了U字母的变化特点

图7-32　艾德里安·弗鲁提格（Adrian Frutiger）于1957年设计的一整套通用字体（Univers）。这套字体通过数字系统确定每套字体的宽度和高度。图为弗鲁提格设计的通用字族的图表方式，通过粗细度和宽度之间的相互关系，达成一种高度的秩序感和同质性，形成了一种视觉的基础和标准，为设计师形成自己的字族提供了参考价值

第四节　拉丁文字的设计与编排

◎ 一、字体的选择

在一个版面中，对大篇幅的文字段落进行分栏处理不失为一种非常奏效的办法，根据画幅的大小，将分栏数设定在2至4栏，是使阅读变得舒服又高效的编排。选用三到四种字体为版面最佳视觉效果，超过四种以上则显杂乱，缺乏整体感。要达到版面视觉上的丰富与变化，只需将有限的字体变粗、变细、拉长、压扁，或调整行距的宽窄，或变化字号的大小。实际上字体使用越多，整体性越差（图7−30至图7−33）。

◎ 二、标题、正文与字号

在进行标题与正文的编排时，应该先考虑将正文作双栏、三栏或四栏的编排，再进行标题的置入。将正文分成二栏、三栏、四栏，是为求取版面的空间与弹性、活力与变化，避免通栏的呆板以及标题插入方式的单一性。标题虽是整段或整篇文章的标题，但不一定千篇一律地置于段首之上，可作居中、横向、竖边或边置等编排处理。有的更直接插入字群中，以求新颖的版式来打破旧有的规律。

计算字体面积大小有号数制、级数制和点数制（也称为磅Piont）。一般常用的是号数制，简称为“字号”。照排机排版使用的是毫米制，基本单位是级（K），一级为0.25毫米，它用级数来计算。点数制是世界上流行的计算字体的标准制度。电脑字也是使用点数制的计算方式（每一点等于0.351毫米），标题用字一般为14点以上；正文用字一般为9～12点，文字多的版面，字号可减到7～8点。字越小，精密度越高，整体性越强，但过小会影响阅读。一般而言，作为阅读文章的正文，推荐使用的中文字号在7至10号之间，英文字号通常在9至12号之间。行的长度，要避免设计出过长的行，阅读过长的行会令读者感到紧张以致疲劳，推荐每

1946 - 1996
50gm TIN
PLUS
Me?
50!
UP TO
50%
OFF
£50
.50 a third
course an
extra £1.45
SAVE
50
PLUS
50a
1 502
50p
M508
The fiftieth
anniversary of
the re-opening
of The Royal
Opera House,
Covent Garden.

图7－33

Anglo-American points	Didot pionts	mm
1	0.935	0.351
5	4.675	1.755
6	5.61	2.106
7	6.545	2.457
8	7.48	2.808
9	8.415	3.159
10	9.35	3.51
11	10.285	3.861
12	11.22	4.212

图7-34

行的长度以不超过30个字符为上限（图7-34至图7-35）。

◎ 三、对齐方式

对于包含了大量文字的版面，重视文字的对齐方式的变化十分重要，这将有助于更好地阅读和区分信息的不同层次。同时，文字按一定方式对齐，并与版面的其他元素，如图形、照片等形成一定轴线，最终组成版面的骨架。

1.左右对齐

最常用的排列格式，大量应用于段落性文字编排上，整齐划一的优势可造就版面的清晰有序。文字从左端到右端的长度均齐，字群显得端正、严谨、美观。这种编排方式普遍用于书籍、报刊中（图7-36至图7-37）。

Light 轻型体
Light italic 轻型斜体
Roman 罗马体
Italic 斜体
Bold 粗体
Bold italic 粗斜体

Black 黑体
Black italic 黑斜体
Extra Black 超黑体
Condensed 压缩体
Ultra Condensed 超压缩体
Extended 拉长体

图7-35

图7-36

2.左边对齐

一种最接近阅读习惯的排列方式。读者按照习惯从左至右的方式阅读，可以沿着左边垂直的轴线毫不费力地找到每一行的开头，而对于右边的空格，增加了段落文字的节奏感。左边的整齐一致与右边的长短随意，使这种版面格式规范而不刻意（图7-38至图7-39）。

图7-37

图7-38

图7-39

3.右边对齐

因为每一行起始部分的不规则增加了阅读的精力，因此，这种格式只适用于少量的文字。在编排时，右边的对齐部分往往会与图形、照片建立某种视觉联系，以取得版面的整体效果。齐左或齐右的排列方式有松有紧，有虚有实，飘逸而有节奏感。左或右取齐，行首或行尾自然就产生一条清晰的垂直线，在与图形的配合上易协调和取得同一视点。齐左显得自然，符合人们阅读时视线移动的习惯；相反，齐右就不太符合人们阅读的习惯及心理，因而少用。但以齐右的方式编排文字似乎显得新颖（图7–40至图7–41）。

4.中心对齐

多用于居中对称式的版面，给人庄重、传统、肃穆、经典的感觉。以中心为轴线，两端字距相等。其特点是视线更集中，中心更突出，整体性更强。用文字居中排列的方式配置图片时，文字的中轴线最好与图片中轴线对齐，以取得版面视线的统一（图7–42至图7–44）。

5.文字绕图

将去底图片插入文字版中，文字直接绕图形边缘排列。这种手法给人以亲切自然又融合、生动之感，是文学作品中最常用的插图形式（图7–45至图7–46）。

图7–40

图7–41

图7–42

图7–43

图7–44

图7–45

图7–46

6.自由排列

一种具有诗意、感性的排列方式。打破秩序，崇尚随兴。适宜运用于少量的文字，使文字易与画面融合，轻松、富有韵味地展开主题（图7–47至图7–52）。

图7–47

图7–48

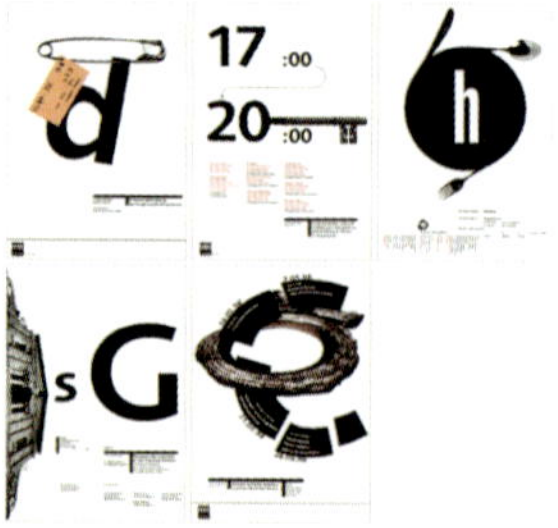

图7-49

图7-50

图7-51

图7-52

图7-53

◎ 四、文字的突出与变化

有意地加强某种文字元素的视觉效果，使其在整体中显得特别出众而夺目，能够更好地达到信息传达的目的。这个被强化的元素一般是版面中的诉求重点，或为突出主题而减弱其他要素，达到引人注目的效果。另外，将正文的第一个字或字母放大的技巧溯源于欧洲中世纪时代的文稿抄写员，它在文体中起着强调、吸引视线、装饰和活跃版面的作用，所以这一技巧被沿用至今。面对当代丰富多样的设计思潮，设计师对文字设计的表现也因个性的不同，呈现出百花齐放的趋势。比如，有意识地对字体进行透视、夸张处理。设计似乎到了“无章法”的时代，怎么新颖就怎么设计，不拘泥于设计的条条框框（图7-53至图7-58）。

◎ 五、文字编排与图形

将文案排列成一条线或一个面或一个群组形象，并成

图7-47至图7-50　这组作品充分展现了字体编排过程中的无穷变化。只要版式需要，设计师应该尽可能多去尝试

图7-51　是德国设计师的版式设计作品，通过对每个单词本身含义的理解，有意识地放大、缩小、扭曲、夸张字母的形态，达到准确传达单词的目的

图7-52 这组字体设计具有很强的复古效果，设计师在创作过程中，对肌理的运用，提升了作品的内涵

图7-53至图7-54　图片处理单纯而干净，文字则安排在大小不同的白色方形中，具有很强的动感。一简一繁，很有视觉张力

图7-55至图7-56　在简洁的背景中，对文字做夸张的变形处理，同样能使画面生动，达到过目不忘的效果

图7-57至图7-58　设计也需要返老还童，回到原点，思考未来

图7-54

图7-55

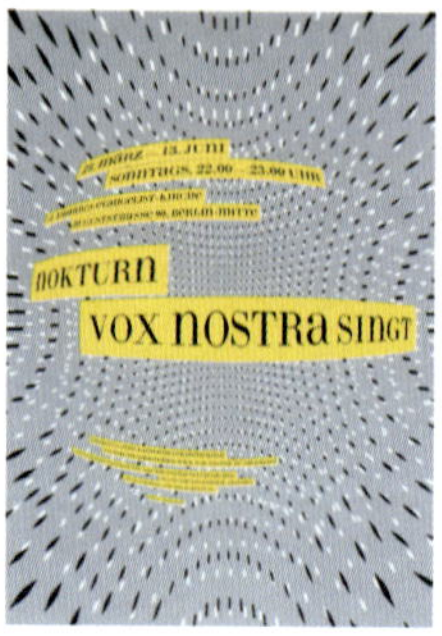

图7-56

图7-57

图7-58

为插图的一个部分，达成图文的相互融合，补充说明，是独具匠心的版式设计。文字的图形化乃是使版面生动有趣，从而使读者获得良好视觉吸引力的一种方式，可以达到形式与内容相统一的最佳效果。但是，并非每件设计都可作为图形化处理，图形化处理不可随意滥用，它必须依据主题内容来确定（图7–59至图7–64）。

◎ 六、文字的叠印

版式设计中，常用文字与文字、文字与图像相互重叠的表现方法。这种手法流行于20世纪80年代前后，并沿用至今。文字与图像之间或文字之间在经过叠印后产生强烈的空间感、跳跃感、透明感、杂音感和叙事感，并成为版面最活跃、最引人注目的元素。这种叠印手法影响易读性，但能造成版面独特的视觉效果。不追求易读，而刻意追求“杂音”表现的手法，是一种艺术思潮的表现，具有现代感的特征。

文字在编排上的疏密节奏，可体现出多种情绪。文字大，叠印密，情绪紧张而激烈，节奏感强；文字小，叠印疏散、轻柔而抒情，节奏感弱。编排时，要谨慎使用文字叠印的设计手法，以更贴切和完美地表现主题，使版面更具艺术感染力（图7–65至图7–72）。

图7–59

图7–60

图7–61

图7–62

图7–63

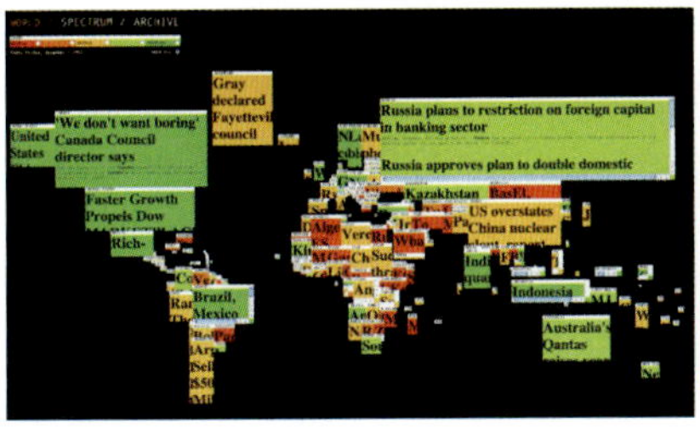

图7–64

图7–65

图7–66

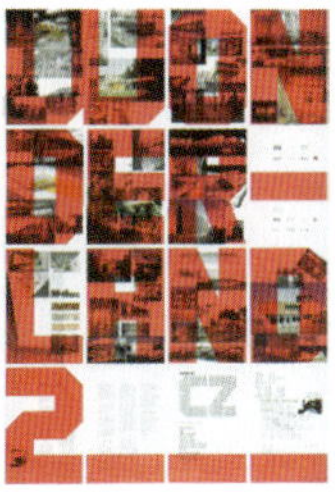
图7–67

图7–68

图7-69

图7-70

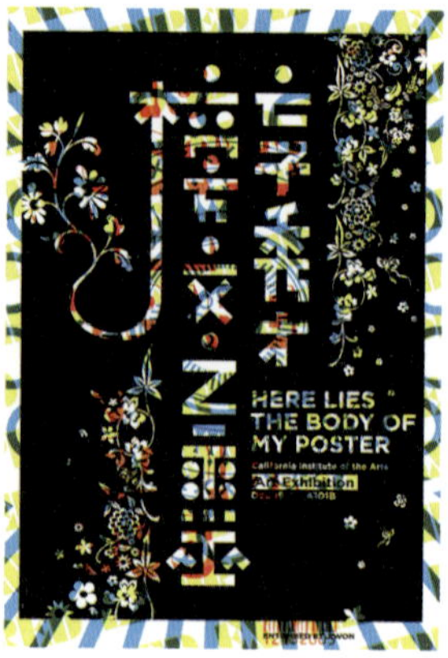

图7-71

图7-72

图7-59至图7-61 是一组典型的文字与图形结合的作品。通过文字的精心编排，图片和文字融为一体

图7-62 文字经过设计，形成一套扑克牌,趣意盎然

图7-63 文字的外形与色块的构成具有很强的节奏感和韵律感

图7-64 用对话框组成地图，在各自国家的对话框里，用文字表达观点，作品诙谐幽默

图7-65至图7-72 这组作品中，文字的叠加让画面具有若即若离的空间延伸，混沌的空间，增强了作品的形式感

拉丁文字设计专业术语中英文对照

alphabet——字母表

anatomy of letters——字母的骨架

asymmetric——非对称

capitals——大写字母

captions——说明文字

column——分栏

centered——居中对齐

decorative display——装饰字体

drop cap——下沉大写字母

ear——耳部

figures——数字

folio——页码

font——字体

foot margin——地空白

formal letter style——正规字体

foredge margin——左边空白

fractions——分数

grids——辅助线

gutter——两页间的空白

informal letter style——非正规字体

hand lettering——手写字体

headings——标题

head margin——顶空白

hierarchy——层
horizontal——水平
hybrid design——混合设计
illuminated manuscript——装饰风格的手稿
indents——缩排
initial letter——首字母
italic——斜体
justified——左右对齐
kerning——字距调整
layout——排版
leading——行距
legibility——易读性
letterpress——凸版印刷
letter spacing——字母间距
line guides——参考线
logotype——标志字
lower-case letters——小写字母
margins——页边空白
monogram——花押字
movable type——活字
old style——老式体
point size——磅值
punctuations——标点符号
ranged left——左对齐
ranged rignt——右对齐
regularize——规范
roman——罗马体
running heading——页头书名
san-serif——无饰线
serif——饰线
small capitals——小型大写字母
stroke——笔画
spine or back edge margin——书脊
sub-or cross-heading——次标题
symmetrical layout——对称版式

tail——尾部

texture——纹理

type alignment——文字排列

type designer——字体设计师

typeface——字体

type layout——文字版式

typeface family——字体家族

typographic software——字体设计软件

typographic variation——字体变化

vertical——垂直

word spacing——词间距

本章思考与练习

◎ 第二节

1.分别临摹Time New Roman(衬线体)和Helvetica(无衬线体)，并对比它们的特点和区别。

2.通过改变材料、肌理等创新手法，进行拉丁字母设计（包括26个字母、数字、标点符号等）

◎ 第三节

以一段英文为元素，提取标题和正文内容，在A4大小的幅面上设计，试验字体加粗、行距、对齐方式、正文间距等知识点。

◎ 第四节

1.以单词“Hand”为元素，在20×20cm的纸上，通过改变字体类型、大小、方位、横排、竖排、路径等，试验文字设计的效果。

2.选择一张照片并与文字组合，有意识地尝试改变图的版面大小、角度,文字与空白之间的视觉关系。

3.自由版式练习。可以是文字与文字、文字与图形搭配练习，要求突出个性。

第8章 文字设计的应用

第8章 文字设计的应用

第一节 文字设计与视觉设计

文字是视觉传达的一个重要组成部分，直接影响着视觉传达的效果，因此文字设计在视觉设计中的应用有着一些基本的原则：良好的可读性，布局合理，符合人的审美需求并具有新颖的创意。文字设计在视觉设计中的应用可具体到文字设计在标志、广告、书籍中的应用。

◎ 一、文字设计与标志

文字在标志设计中有两种类型，一种是以文字为标志的主体、图形；另一种则是以文字为标志的辅助说明。

下面是欧洲商标设计年鉴优胜奖部分作品：

Relevant 标志设计

王粤飞标志设计

孔森标志设计

美国BRION公司　深圳第二届电视戏剧大赛　深圳大芬油画村

东道标志设计

早晨标志设计

◎ 二、文字设计与广告

ZTHOLLANDIA
LA MUSICA
TWEE
MARGUERITE DURAS
MUSICA.ZTHOLLANDIA.NL

ZTHOLLANDIA
DUBRAVKA UGREŠIĆ
WOORDEN.ZTHOLLANDIA.NL
MOORDENDE
WOORDEN

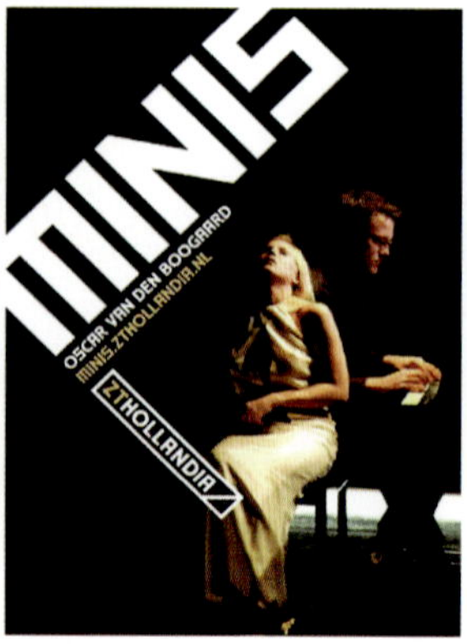
MINIS
OSCAR VAN DEN BOOGAARD
MINIS.ZTHOLLANDIA.NL
ZTHOLLANDIA

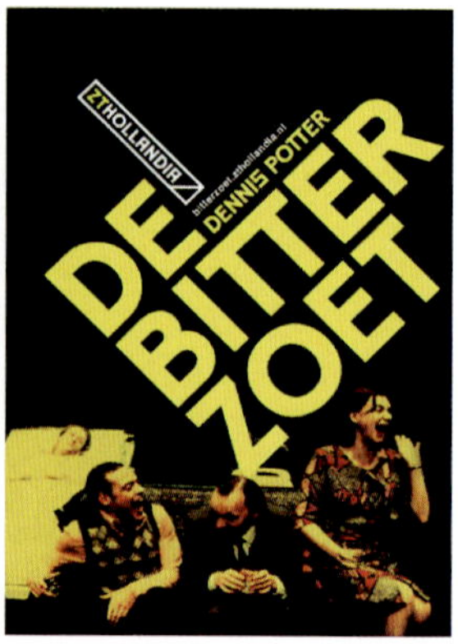
ZTHOLLANDIA
DENNIS POTTER
DE
BITTER
ZOET

ABSOLUT ARMAN.

ABSOLUT SHELLEY.

ABSOLUT
VODKA
ABSOLUT SUAREZ.

ABSOLUT
PEPPAR
IMPORTED
ABSOLUT STOKER.

ABSOLUT CHICAGO.

ABSOLUT STARDOM.

ABSOLUT
Country of Sweden
VODKA
ABSOLUT WARHOL.

ABSOLUT STOCKINGS.

ballet du grand théâtre de genève
lolita
davide bombana

GETTING CLOSER

PETER ANDERSSON
LENA BERGSTRÖM
SARA BERNER
THOMAS BERNSTRAND
CLAESSON KOIVISTO RUNE
BJÖRN DAHLSTRÖM
MONICA FÖRSTER FRONT
MIA E. GÖRANSSON
ANGELICA GUSTAFSSON
MATTI KLENELL
ANNA KRAITZ
JONAS LINDVALL
ANDERS LJUNGBERG
ANNA KRISTINA LUNDBERG
MÅRTEN MEDBO
GUSTAF NORDENSKIÖLD
INGEGERD RÅMAN
KJELL RYLANDER
GUNNEL SAHLIN SALDO
PER SUNDBERG
PIA TÖRNELL UGLYCUTE
ANNA VON SCHEWEN

Reklame

GREEN GUM
GREEN GUM
GREEN GUM
GREEN GUM
GREEN GUM

grand théâtre de genève opéra
manon
jules massenet
www.geneveopera.ch

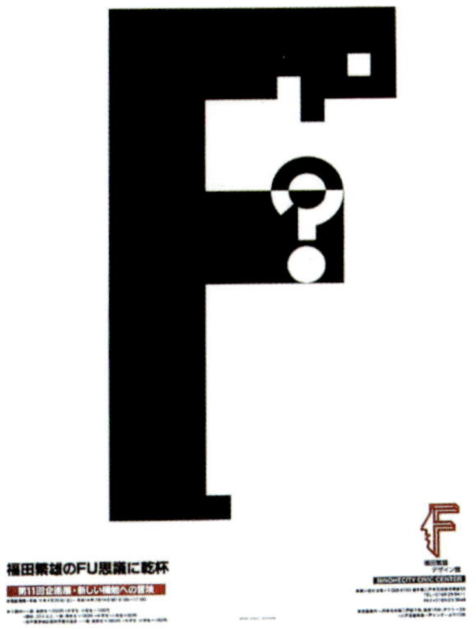
福田繁雄のFU思議に乾杯

福田繁雄のパズルデザイン

福田繁雄のビジュアル·トリック

福田繁雄の青春グラフィティ

福田繁雄のイラスト·ミレニアム

福田繁雄のどうぶつパレード

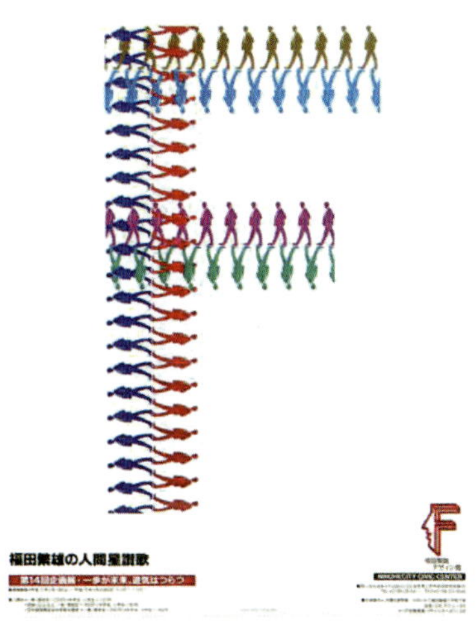
福田繁雄の人間星讃歌

福田繁雄の絵心知〈ECOLOGY〉

福田繁雄の自選ベスト68

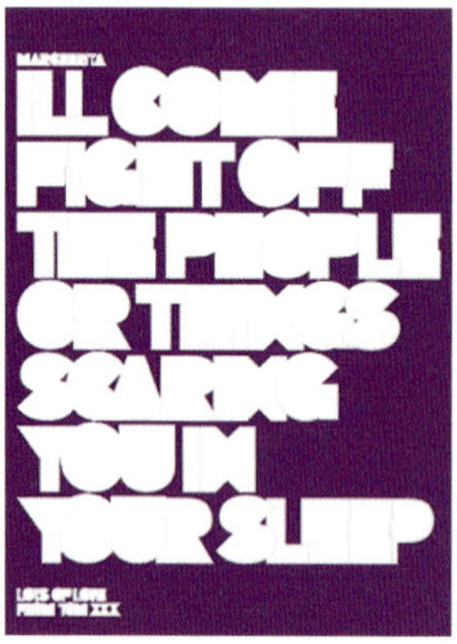
I'LL COME
FIGHT OFF
THE PEOPLE
OR THINGS
SCARING
YOU IN
YOUR SLEEP

DIA
BODY MASS INDEX
EXTRA FAT AND ROUNDED
CARDIO
OILY
I♥BACON
HEALTFUL4ME

BIENNALE
DE LA JEUNE
CRÉATION
2006
Biennale
de la jeune
création
2006
Arts plastiques,
théâtre, musique,
et danse
Houilles
24 mars - 7 avril

grand théâtre de genève opéra
dido & aeneas
henry purcell
au bfm
13 14 15 16 18 19 20 22 23
et 24 octobre 2001 20h

grand théâtre de genève opéra
lady macbeth
de mzensk
dimitri chostakovitch
au grand théâtre
26 28 30 septembre 2001 20h
2 5 8 10 octobre 2001 20h

grand théâtre de genève opéra
les contes
d'hoffmann
jacques offenbach
au grand théâtre
14 16 18 20 22 27 29 décembre 2001 20h
31 décembre 2001 19h30
2 4 janvier 2002 20h

grand théâtre de genève opéra
richard wagner
götterdämmerung
au grand théâtre
22 25 28 30 avril 2002 18h15
3 5 8 mai 2002 18h15

SOLO II
free holiday
偶遇是极少主义
约会是写实主义
每年7天的海滩外遇
是超级现实主义
solo制造
专线 67173771 67160677/ 76/ 75

SOLO II
玻璃 海岸 地下铁
SOLO
超小户型升级版展示会
11.28—12.8 现场体验
solo制造

SOLO II
相爱是表现主义
思念是形式主义
从SOLO 2走5分钟坐地下铁
是自由主义
solo制造
专线 67173771 67160677/ 76/ 75

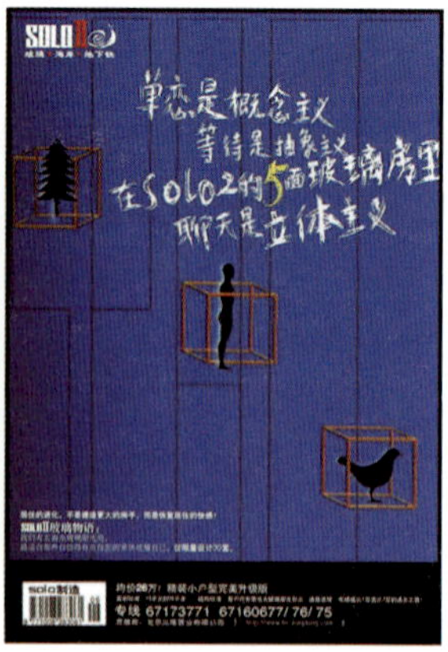
SOLO II
单恋是概念主义
等待是抽象主义
在SOLO 2的5面玻璃房里
聊天是立体主义
solo制造
专线 67173771 67160677/ 76/ 75

张洪科海报设计

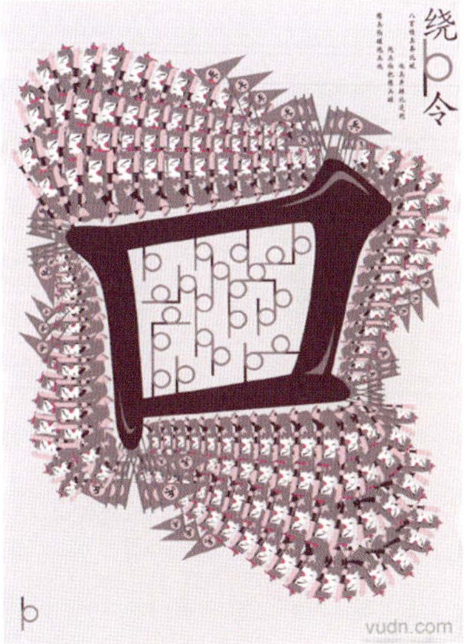

三木健海报设计

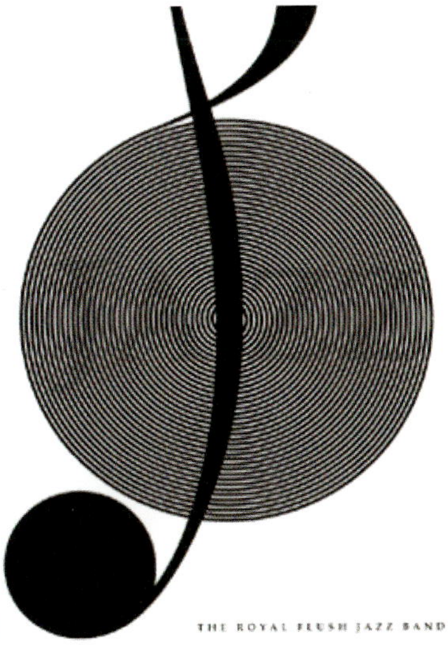

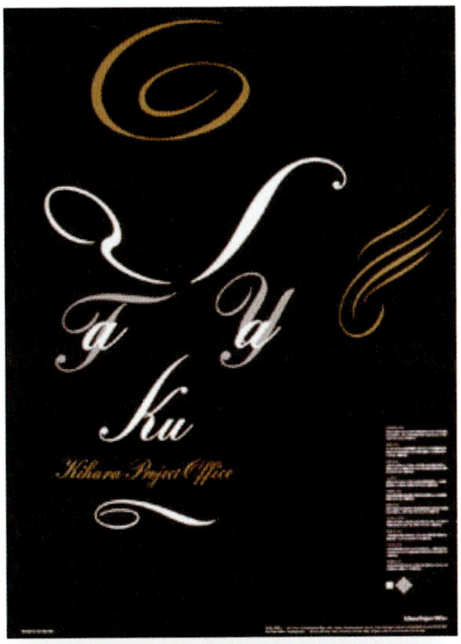

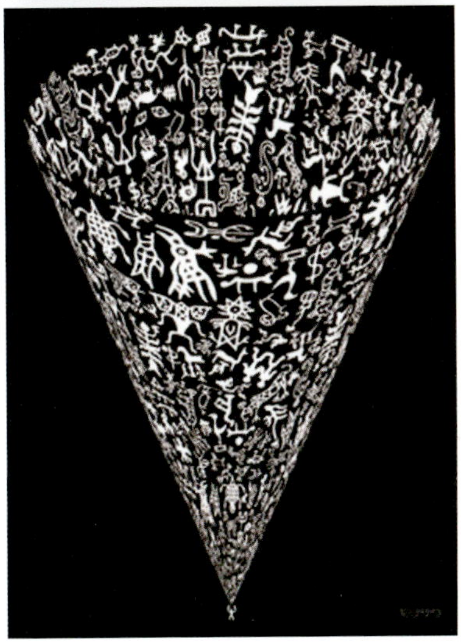

叶浅克己云南东巴文海报设计

白木彰海报作品

県民大学講座
愛知県立芸術大学
卒業修了制作展
愛知県美術館ギャラリー
AICHI PREFECTURAL UNIVERSITY OF FINE ARTS AND MUSIC
Shiraki Akira Chinese Ideograph Design Works
愛知県立芸術大学卒業修了制作展
1999
県民大学講座
愛知県立芸術大学 第31回 卒業演奏会
AICHI PREFECTURAL UNIVERSITY OF FINE ARTS AND MUSIC
Shiraki Akira Chinese Ideograph Design Works
JUST A JAZZ
'95 Mar.19
愛知県立芸術大学'99秋の演奏会
AICHI PREFECTURAL UNIVERSITY OF FINE ARTS AND MUSIC
Shiraki Akira Chinese Ideograph Design Works
Shiraki Akira Chinese Ideograph Design Works

胜利是一种宽广
大红鹰 胜利之鹰
胜利是一种分享
大红鹰 胜利之鹰
胜利是一种震撼！
大红鹰 胜利之鹰
胜利是一种坚持
大红鹰 胜利之鹰
胜利是一种追求
大红鹰 胜利之鹰
大红鹰集团
胜利是一种领先
大红鹰 胜利之鹰
胜利是一种从容
大红鹰 胜利之鹰
胜利是第二位
大红鹰 胜利之鹰
大红鹰集团
胜利是一种突破
大红鹰 胜利之鹰
大红鹰集团

大红鹰海报

◎ 三、文字设计与书籍

文字与书籍密不可分，是书籍设计中的重要组成部分。书籍不仅要达到人与书中内容沟通的目的，还要注重自身的浑然一体，因此文字的形式、编排等设计在书籍中的应用还有待人们继续拓展与创新。

传统书籍

外国书籍

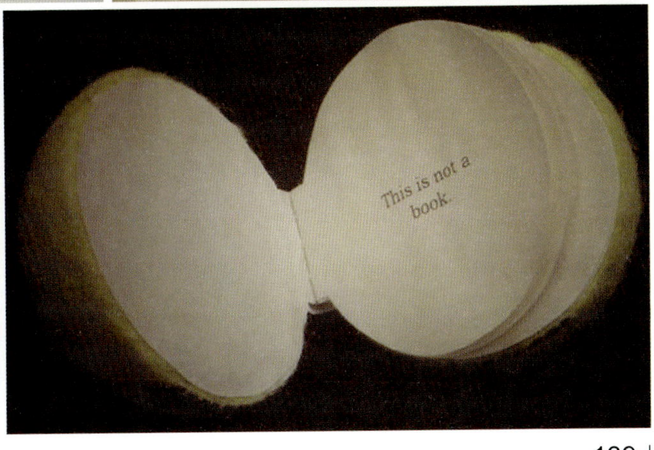

Aunt

A ROMAN ALPHABET
LATIN WORDS WITH DERIVATIVES IN CURRENT ENGLISH USAGE
Aunt

几何字体与书籍

logo

LOVE

DEAR
TO
ME
100 New Zealanders

Contemporary Brochures, Catalogues & Documents
LOOK AT THIS

domus 1928

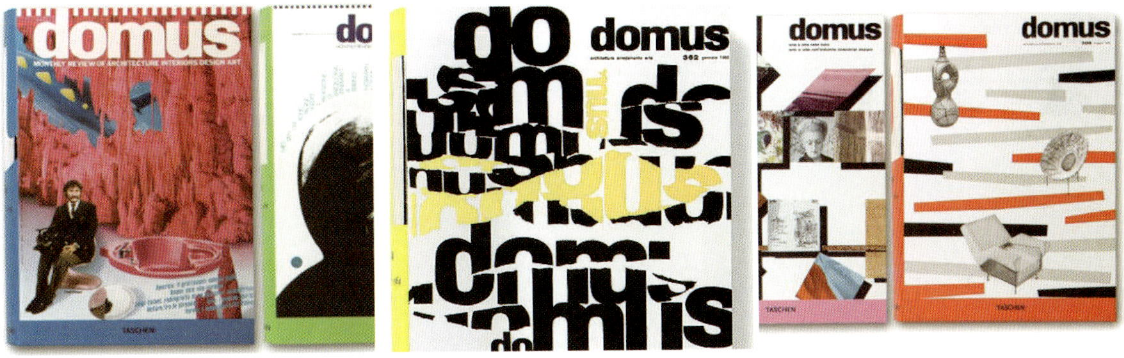

第二节 文字设计与空间

文字设计与空间有两种关系：一是文字在平面中具有空间效果；二是文字应用于空间中。前者依托平面视觉为载体，后者则是打破二维平面进而融入三维空间中，并起着宣传空间、点缀空间、引导空间等作用。

◎ 一、文字在平面中具有空间效果

在平面中体现空间层次：

文字融入水墨空间之中

多个平面的组合与重叠，同样使得文字具有空间效果

◎ 二、文字应用于空间中

1.宣传空间

798艺术区

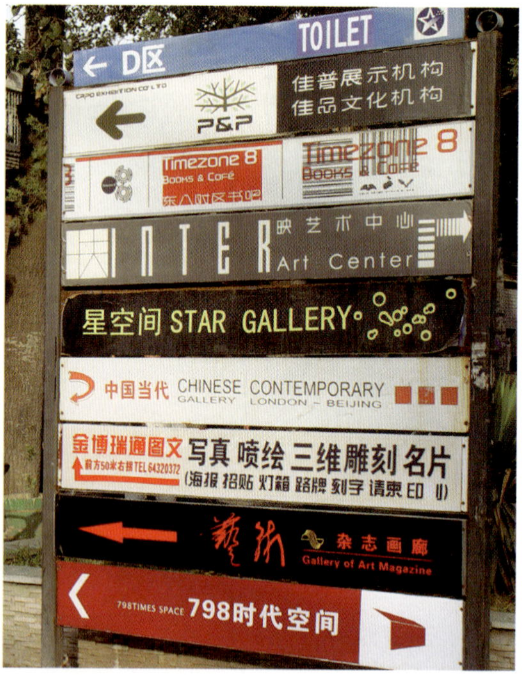

UNIQUE
UNIQUE 永一格
永一格展示藝術作品展
UNIQUE ART GALLE

第五元素
THE FIFTH ELEMENT
请勿吸烟 No Smoking
请勿拍照 No Photo
画廊 Gallery
Open 11:00-18:00

2.点缀空间

Grids
From
to
to
, and
and
, GUIL
are dedicated to turning
products and services that
toughest probl

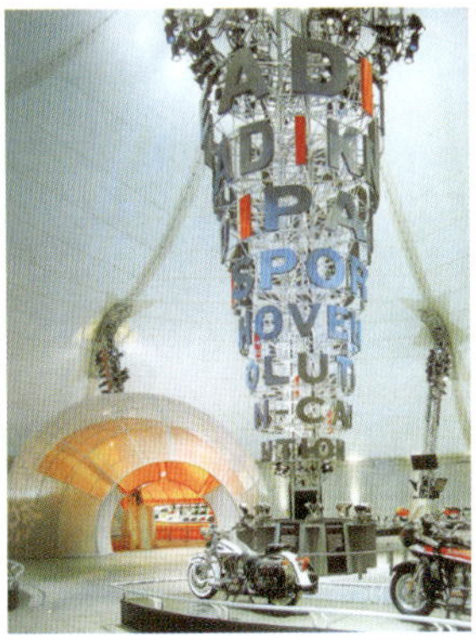

DRESSING ROOMS

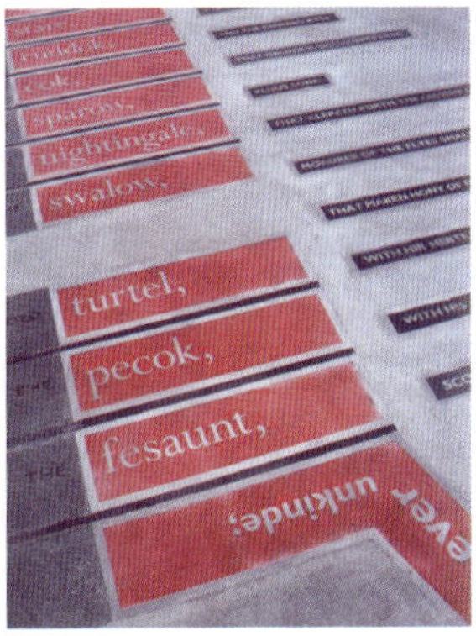
nightingale,
swalow,
turtel,
pecok,
fesaunt,
ever unkinde;

Korea will be delt with by Russia and China I bet
i was trying to change it to sweetiebaby97_inhell cuz piu killed me

CARNEGIE INTERNATIONAL
2004-5

CARNEGIE INTERNATIONAL

EINGANG OST
BUGA 05
EINGANG OST

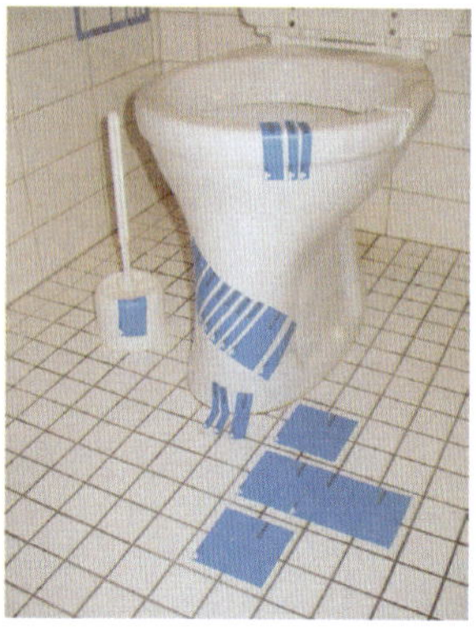

3.引导空间

WHO WILL BE HERE NEXT?
HER VOICE

Floor7 Floor
Floor 8 →

Vorlesung

第三节 文字设计与产品

当今社会产品多样化，文字是区分产品种类和品牌最直接的因素，它能展现产品的品牌名称、功能特性。随着人们设计观念的提升，产品中的文字已由简单的功能特性上升到艺术领域，甚至成为图形符号而非言语，对产品进行烘托渲染，以提高产品的档次，吸引更多的人去购买。

shiki

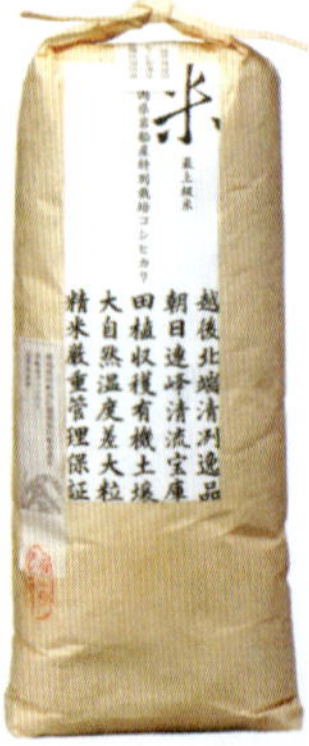

ABSOLUT VODKA
ABSOLUT
AMBITION.

ABSOLUT VODKA
ABSOLUT
TRADITION.

atelier la graine
La gra in e

Coca-Cola
CLASSIC

Sprite

diet
Vanilla
Coke

SWERVE
VANANA
EXCELLENT SOURCE OF
CALCIUM, VITAMIN A, C, D

SUNTORY
涼屋
麦茶

日本茶
玄米
KIRIN

STYLE

EXPRESSIONS
NO-MESS NAIL GLOSS PEN
MAYBELLINE
DREAM MAT
UNSTOPPABLE
STYLISTSHINYBLACK
DEFINE-A-LOOK
EXPERTWEAR
SUPERSTAYSILKY
AGE REWIND

REDKEN
09
23
18
07

John Galliano
John Galliano
John Galliano
John Galliano
John Galliano
John Galliano

SAKS FIFTH AVENUE

第四节 文字设计与新媒体

◎ 一、灯光装置

◎ 二、界面设计

微软为TOYOTA定制的一个程序界面

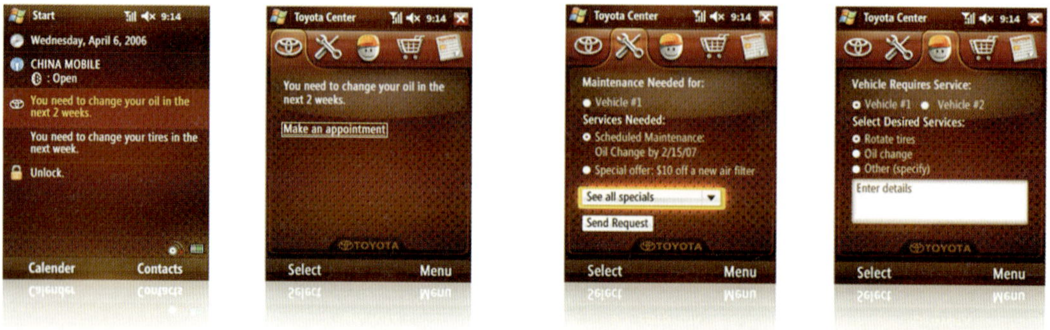

◎ 三、网站设计

可口可乐

Nokia3110

吉野家牛肉饭大冒险新加坡官方网站

参考文献：

1.陈原川著.汉字设计[M].北京:中国建筑工业出版社，2005.8

2.王雪青著.字体设计与应用[M].北京:高等教育出版社，2007.9

3.柳林 汤晓颖 孙霖编著.字体设计与创意[M].武汉:武汉大学出版社，2004.7

4.李中扬主编 汪尚麟编著.创意源——文字创意[M].武汉:湖北美术出版社，2004.8

5.柴中建主编.汉字艺术[M].十方艺术机构，2007.7

6.林家阳 张奇开著.文字与版式设计[M].北京：高等教育出版社，2006.12

7.代福平著.激扬文字 文字设计基础教学[M].南京:凤凰出版传媒集团，江苏美术出版社，2007.12

8.[瑞典]林西莉著 李之义 译.汉字王国[M].北京:三联书店，2007.1

9.王俊编著.版面设计[M].北京:中国建筑工业出版社，2005.9

10.季铁编著.汉字设计[M].武汉:武汉大学出版社，2003.5

11.蔡顺兴编著.编排[M].东南大学出版社，2006.10

12.[英]达博纳(Dabner D.)，彭燕. 英国版式设计教程(高级版)[M]. 上海:上海人民美术出版社，2005

13.[英]安布罗斯·哈里斯. 创意设计元素[M]. 杨文俐 译. 上海:中国纺织出版社，2004

14.[美]奥塞派克(Oceper，L.D).平面设计原理实施步骤[M]. 冯文静译. 上海:上海人民美术出版社，2004

15.[美]古德曼(Goodman，A.).平面设计的7大要素[M]. 王群 刘玉民译. 上海:上海人民美术出版社，2004

16.[英]戴维·达博纳. 英国平面设计基础教程[M]. 张锡九等译. 上海:上海人民美术出版社，2004 法国金字塔出版社. 艺态[M]. 上海：上海人民美术出版社，2007

17.[美]戴维·朱里. 什么是文字设计[M]. 张文贺 高雅娜译. 北京：中国青年出版社，2007

18.[英]查尔斯·辛格、E·J·霍姆亚德、A·R·霍尔、特雷弗·I·威廉斯主编，高亮华、戴吾三主译.技术史[M].上海:上海科技教育出版社，2005

19.[英]安布罗斯 编著. 詹凯，张匡匡译. 国际平面设计基础教程——字体设计[M] 北京:中国青年出版社，2006

20.李明君 著.中国美术字史图说[M]. 北京:人民美术出版社，2000

21.朱谔 主编. 田中一光的设计世界[M]. 北京:中国青年出版社，2000